Volker von Schintling-Horny

AF197637

Neue Schule und ER

Erziehen. Zum ER, den Schüler zu IHM unserm Schöpfer hinziehen.

Volker von Schintling-Horny

Neue Schule und ER

Er <<< ziehen. Zum ER, den Schüler zu IHM unserm
Schöpfer <<< hinziehen.

LSH
Ratingen 2020

Impressum:
© 2020 LSH Volker von Schintling-Horny
Layout u. Umschlaggestaltung: Umschlagbilder:
Volker von Schintling-Horny
Titel-Energiebild: Verfasser mit Ziehharmonika
Buchrückseite: Verfasser erzieht Enkel
Verlag und Druck: tradition GmbH
Halenreie 42   22359 Hamburg
ISBN   978-3-347-14258-9 (Paperback)
        978-3-347-14259-6 (Hardcover)
        978-3-347-14260-2 (E-Books)
                1. Auflage 2020

Warum Neue Schule und ER

Schon seit vielen tausend Jahren herrscht auf der ganzen Welt das gleiche „Unterordnungs-Prinzip" eines Herrschers und einer Menschheit von fröhlichen, dummen Sklaven. Denken wir nur an die ägyptischen Pharaonen und die mehr oder weniger glücklichen aber unfreien Bauern. All das hat sich bis heute im vollen Umfang erhalten. Nur etwas schlauer und gerissener so daß wir Sklaven es überhaupt nicht bemerken.

Seit 1535 der Gründung des Jesuiten Ordens ist die Welt fest in den Händen der Kirche. Sehr geschickt haben sie den Himmel und die Hölle erfunden. Wenn Du nicht brav bist kommst Du nach deinem Tod in die Hölle. Wenn Du aber der Kirche spendest, Absolution zahlst und Dein Vermögen und kompletten Besitz nach Deinem Tode der Kirche überschreibst dann sorgen wir Jesuiten, und damit die angeblich von Gott eingesetzte Kirche, dafür, daß Du in den Himmel kommst.

So wurde die Kirche in kürzester Zeit zum „Reichsten" auf der Welt.

Die Kirchen-Verwaltung lag bisher in den Händen der drei Päpste und einem Obergeneral. Einmal unserem bekannten „weißen Papst zum Beispiel Franziskus" der sich um die Gläubigen kümmerte und zweitens dem unbekannten „schwarzen Papst dem Jesuiten General" der sich um die Erziehung und Bildung der Völker kümmerte und drittens um den „grauen Papst den Malteser Ordensgeneral" der die Verantwortung für die Geldwirtschaft hatte. Das Ganze war voll militärisch aufgebaut, darum durften die unteren Ausführenden Etagen auch nicht nach dem „Wie" und „Warum" fragen sondern mußten den Befehlen gehorchen.

Diese Drei samt ihrem Obersten sind im Frühjahr dieses Jahres 2020 nach dem Erwachen des Lichtes schwer unter Beschuß geraten.

Nun kann sich jeder an den Fingern abzählen warum wir so viele Kriege hatten. Immer angezettelt von der Kirche um mehr Macht oder Geld zu gewinnen und gleichzeitig die mutigen kräftigen Lichtmänner die für etwas Gutes kämpften, sich gegenseitig umbringen zu lassen. Denken wir nur an das Märchen „Vom tapferen Schneiderlein und den zwei Riesen".

Diese Menschengruppe mit ihren Führern und Helfern einschließlich der Politik, Geldwirtschaft, Erziehung, Fernsehen, Rundfunk und Presse, (Main Stream) wird als die „Dunklen" oder „Tiefenstaat" bezeichnet.

Das „göttliche Helle" konnte sich bisher nicht durchringen da es durch Kriege, Inquisition, Bussen, Kerker, Beichte, Kindesmißhandlung, Schmiergelder, Stellung, Gift, Pornographie, Ausschluß aus der Kirche und viele andere Grausamkeiten unterdrückt wurde.

Wir lebten bis Anfang 2020 in einem solchen Gefängnis nur haben wir überhaupt nichts davon bemerkt da es so geschickt eingefädelt und umgarnt war.

Viel Autos und Butter aber kein Grips.

Und nun wollten die Dunklen dem noch eine Krone aufsetzen in dem sie über die „Angstmaschine" Corona die Wirtschaft weltweit lahmlegen und die gesamte Menschheit durch eine Impfung zu tierischen Sklaven zu verunstalten.

Das wurde nun unserem Schöpfer zu viel und er hat alle medialen Menschen veranlaßt für das Licht zu meditieren. Mit Hilfe der mittlerweile 1500 Bienensiebensterne ist im September 2019 soviel Energie auf der Erde gebündelt das sie, diese unsere schöne Erde, als Letzte in unserer Galaxis zum Lichtplaneten aufgestiegen ist.

Da wir nun ein Lichtplanet sind ist ein heftiger Kampf zwischen Licht und Dunkel entbrannt. Wer möchte schon gern freiwillig seine Macht und sein Geld abgeben.

Deutschland ist 2020 immer noch ein von den Alliierten besetztes Land und damit nun zum Brennpunkt der Welt geworden. Es wird keine Ruhe geben bis nicht die bisherigen Waffenstillstände von 1918 und 1945 in einen Friedensvertrag gewandelt sind. All diese Grausamkeiten an der Menschheit sind lange im Voraus geplant gewesen. Bereits 2012 hat das Bundespresseamt eine Comic Folge in der das Geschehen von Corona 2019 genau Vorausgesagt ist an alle höheren Regierungsstellen verschickt. Auch der verlorene Erste Weltkrieg, die Umerziehung des Deutschen Volkers und die Flucht des Kaisers 1918 ins Ausland sind in dem satirischen sehr angesehen Londoner Wochenblatt „Truth" in der Dezember Ausgabe 1890 in dem Artikel „Des Kaisers Traum, The Kaisers´s dream" abgedruckt. Der Artikel wurde also 25 Jahre vor dem tatsächlichen Beginn des Krieges 1914 von dem den Freimaurern nahe stehenden Herausgeber der Truth des liberalen Parlamentariers Henry Labouchere in London geschrieben. (Poster im Anhang)

In Amerika und Rußland, zwei der Siegermächte über Deutschland, sind die richtigen „Hellen Kräfte" am Ruder unterstützt von dem durch göttliche Macht ausgestatten Menschensohn „Q", als Berater.

Wenn wir aber die Erziehung so belassen wie bisher wird sich an der zukünftigen Menschheit nicht viel ändern da die jetzigen Erzieher ja auch nichts anderes gelernt haben. Darum brauchen wir eine „Neue Schule und ER".

Die deutsche Sprache hat eine wunderbare Eigenschaft uns auf die Bedeutung eines Wortes aufmerksam zu machen.

Er<ziehen zum ER unserm Schöpfer hinziehen.

Er<leben ganz und gar mit Ihm Leben.

Er<holen Ihn holen.

Er<achten Ihn achten.

Er<mächtigen durch Ihn mächtig werden

Er<weisen mit Ihm weise werden.

Er<niedrigen,

Er<höhen mit Ihm ab- und aufsteigen.

Und so fort.

Ich selbst bin kein Mitglied des Deutschen Ethikrates und kann nur den werdenden Müttern und dafür zuständigen Fachleuten, Lehrern und Professoren Anregungen aus meinen eigenen Erfahrungen geben.

Neben den normalen Fächern die wir auch heute an den Schulen erfahren habe ich hier Themen unserer Vorväter aufgezeigt, die die Kirche bisher mit den Scheiterhaufen todgeschwiegen hat, und die sonst nirgend gelehrt werden.

Dabei ist besonderer Wert auf die frühkindliche ER<<<Ziehung gelegt da hier unsere Kleinen schon für das ganze Leben geprägt werden.

Noch heute wird man für gewöhnlich verlacht und als Esoteriker verschrien wenn man von geistigen Dimensionen, göttlichen Grundmaßen und Zahlen, Wesenheiten, Kobolden, Feen, Polflußverbindungen, Lebensenergie Bovis, Bio-Photonen, Benker-Gitter, Neuer Medizin, Freier Energie oder göttlicher Eingebung und vielem Anderen spricht.

Um tiefer in die hier angedeuteten Themen einzusteigen habe ich in dem am Ende angefügten Anhang sowie der Literatur-Liste viele weitere Anregungen dazu aufgeführt.

Von den Dunklen ist eine Digitalisierung der Welt geplant. Dazu gehört ein Chip für jeden unter die Haut, wie es heute schon alle Hunde haben, eine elektronische Regierung ohne Chef und Menschen, Krankenversorgung, Lebensmittellieferung, Industrie, Schule, Kultur und so fort. Denn niemand kann Kaufen oder Verkaufen ohne das Malzeichen (Chip) wie die Bibel bereits vor 2000 Jahren schreibt. In einem solchen Fall, den es sicher nicht geben wird da das Licht zu stark geworden ist, wird es sinnvoll sein sich in kleinen Nachbarschaftshilfe-Gruppen zusammenzuschießen um einem solchen Horror aus dem Weg zu gehen.

Volker von Schintling-Horny
Ratingen, den 27. August 2020

Inhalt

Empfängnis, Schwangerschaft, Stillzeit

Unsere bisherigen Mütter, Kindergärten, Schulen und Universitäten gehen von materialistischen, monetären und leistungsorientierten Ideen aus und sind nicht nach den allgemein gültigen Schöpfungsgesetzen gestaltet. Bei den Hyperboreern des Nordens und deren Nachfolgern den Altanern, Ägyptern, Indianern oder unseren Vorfahren gab es noch diese Wahrheiten. Wir brauchen nur in die Natur und nach oben in den Himmel zu schauen da wird uns alles was wir benötigen gezeigt. Uns fehlt nur die Ruhe und die rechte Kindheit dies alles zu entdecken, aufzudecken.

In dieser Zeit des Umbruchs, der Wandlung alles Lebens zum Licht ist der richtige Moment die neue Generation nach den immer gültigen Schöpfungsgesetzen zu ziehen. Unsere bisherigen Mütter, ER<<<Zieher, Lehrer und Professoren sind dazu nur **bedingt** in der Lage da sie nur von der materiellen Leistungsseite Wissen vermitteln können wie sie es **selbst** gelernt haben. Wenn wir diese weiter zulassen bekommen wir den gleichen dunklen Kaffeesatz wie bisher und das paßt nicht in die neue göttliche Lichtwelt. Darum müssen wir die erfahrenen Lichtmenschen wie Omas, Großpapas, Bauersfrauen, Gärtner, Naturführer, alten Förster und so fort bitten, diese erste Aufgabe zu übernehmen. Wenn genügend Nachwuchs hieraus entstanden ist können die neuen ER<<<Zieher herangezogen werden.

Aller Anfang liegt bei den Müttern.

In Zukunft sollten die Mütter ihr Kind bewußt in Freude, Zuversicht und vollem göttlichen Bewußtsein empfangen hier ein großes Geschenk erhalten zu haben das es gilt, in größter Fürsorge zu tragen. Kein Alkohol, Nikotin, Rauschgifte oder Streß, Sorgen, zusätzliche fremde Arbeit. Lieber etwas bescheidener leben als noch einer anderen Arbeit nachgehen. Die eigene Aufgabe in der Familie reicht voll und ganz.

Gutes trinken und essen. Nicht Mengen sondern Qualität der Speisen ist wichtig. Keine Mikrowelle, Fernsehen oder Radio und Zeitung. Alles vermeiden was Aufregung bringt. Fröhliche Stimmung im Haus, singen, klassische Musik, schöne Gerüche durch Blumen und Sträucher, harmonische Bilder, Rubens, Moritz von Schwind, Spitzweg, Ludwig Richter oder Ähnliche sichtbar aufhängen. Gute Bücher lesen wie Hesse, Hölderlin, Goethe, Schiller, Wilhelm Busch.

Auf „Stillen der Mütter" ist von Anfang an, ganz besonderer Wert zu legen.

Vom ersten Tag an immer positiv denken was wird gutes, hervorragendes aus dem kleinen Wesen. In meiner Milch sind alle Nährstoffe, Liebe, Vertrauen, Schutz, Geborgenheit, Behütung und Anhänglichkeit drin, die das kleine Wesen jetzt benötigt.

Leider ist es anders. Von Geburt an lernt der Mensch, nicht auf sein Herz und seine Seele zu hören, sondern sich dem System unterzuordnen. Immer schön anpassen. So geht das nun schon seit vielen Jahrtausenden, mit dem Ergebnis, daß der menschlichen Seele keine Erleuchtung beschieden ist. Das System erlaubt es dem Menschen nicht, sich zu voller Schönheit zu entfalten. Der Herrscher des Universums ist zum Sklaven seines eigenen Systems geworden!

Man sollte Kinder in ihrer Entwicklung nicht stören und sie sich so vorstellen, wie Gott sie haben will. Die lichten Kräfte des Universums sind bestrebt, jedes Neugeborene mit dem Besten auszustatten, was der Kosmos zu bieten hat. Die Verantwortung der Eltern besteht darin, daß Kind nicht durch vermeintlich allwissende Menschen, gemachte Dogmen, vom Licht der kosmischen Weisheit und Kreativität abzuschneiden. Der Schöpfer aber spricht eine klare und deutliche Sprache, die Sprache der **Liebe** und der **Geduld**. Er spricht durch Seine unvergänglichen, wunderbaren Taten, durch Seine Schöpfung: durch die Pracht der aufgehenden Sonne, durch den sanften Mondschein, den matten Nebel und das Tröpfchen Morgentau, in dem sich das gesamte Firmament spiegelt.

Ein Kind hat viel mehr davon sich mit vollkommenen Lebewesen zu beschäftigen als mit irgendwelchen primitiven, leblosen Objekten, wie einem Baukasten. Außerdem ist jeder Grashalm und jedes Insekt mit dem Kosmos verbunden und wird dem Kind so helfen, das Wesen des Kosmos und sich selbst als integralen Teil des vollkommenen Ganzen zu begreifen. Durch solchen Kontakt mit dem vollkommenen Ganzen kann es auch seine eigene Bestimmung besser verstehen lernen. Künstlich produzierte Objekte hingegen können diese Verbindung nicht herstellen; sie werden dem Kind nur falsche Prioritäten und falsche Werte vermitteln. Wie alle Kinder unterdrückt es im Glauben an das Wohlwollen seiner Eltern, immer öfter seinen eigenen Willen. Und die gleichen Empfindungen des Zwangs und der Gewalt, die jeder in seiner Kindheit gemacht hat, verfolgen es jetzt sein ganzes Leben. Wie alle anderen Kinder besuchten auch die Eltern, Erzieher, Lehrer und Professoren die gleiche Schule. Dort erzählte man ihnen, der Mensch stamme vom Affen ab und sei daher ein primitives Tier. In seiner Dummheit habe er sogar an einen Gott geglaubt. Dabei bedient sich das System immer der gleichen Mittel: der Eltern und der sogenannten weisen Erzieher und Lehrer, die zu seinen willigen Dienern werden. Wenn du aber nur ein wenig hinter die Fassade schaust, wirst du entdecken, daß Du dich von Gott getrennt hast und dich zwingst, zum Nutzen des Systems zu leben und zu arbeiten. Darin besteht der ganze Sinn und Zweck dieses alten Systems. Wenn der Mensch frei ist von Aggression, Profitgier, Angst und vielen anderen, später hinzugekommenen dunklen Emotionen, strahlt er ein Licht der Liebe aus. Dieses Licht ist nicht sichtbar, aber es ist viel stärker als das Sonnenlicht. Es ist seine besondere, vitalisierende Energie. Der Mensch allein kann mit diesem Licht alles Lebendige **erwärmen**. Diese Fähigkeit wurde vom Schöpfer in jedem Neugeborenen angelegt, und sie kommt auch zur Entfaltung, sofern das Kind in einer Atmosphäre der Liebe und Geborgenheit lebt und sein schöner Lebensbeginn noch nicht verdorben wurde. Diese Atmosphäre der Liebe beginnt schon im Mutterleib; danach wird sie nur noch erweitert. Es liegt allein an dem Menschen diese Atmosphäre der Liebe im Kind zu vervollkommnen.

Die Eltern oder Begleiter eines Kindes sollen die Gaben des Kindes aufmerksam beobachten und nicht durch eigene Ideen stören. Das Kind geht je nach Alter seinen eigenen Weg der nicht gerichtet zu werden braucht. Die Älteren haben in Ihrem Leben Erfahrungen für sich selbst gemacht und das ist für das Kind nicht immer der richtige Weg. Nicht zwei Menschen haben den gleichen Lebensweg, so wird keine dieser Erfahrungen für das Kind förderlich sein.

Das Kind benötigt nur das **Werkzeug** für sein Erdenleben, sonst nichts. Neben der vielseitigen Bewegung spielt die Schulung seines Gehirns eine große Rolle. Die erste Ausbildung endet mit Einsetzen der Reife, worauf erst dann die Zweite folgen darf welche den Geist, den ganzen Körper zu beherrschen lehrt. Dem Kind ist zuerst das große Wirken alles Wesenhaften näher zu bringen, da es in dieser Zeit noch selbst damit verbunden ist. Dadurch wird es die Naturschönheiten die es um sich sieht, Wiesen, Wälder, Wasser, Blumen oder Tiere viel intensiver in sich aufnehmen.

Waldorfschule

„Und ist es nicht schließlich eine höchste heilige, religiöse Verpflichtung, das Göttlich-Geistige, das ja in jedem Menschen, der geboren wird, neu erscheint und sich offenbart, in der Erziehung zu pflegen?" Die Waldorfschule gegründet von Rudolf Steiner, eine Schule für Jungen und Mädchen, ohne Noten und Lehrbücher, aber mit Gartenarbeit, Theaterspiel und dem Eurythmie-Unterricht, in dem Kinder auch lernen, ihren Namen zu tanzen.

Die ganze Welt verstehen: Das war es, was Rudolf Steiner wollte. Und die ganze Welt, das war für Steiner eben nicht nur die materielle, die dingliche Welt, die man sehen, betreten, begreifen und vermessen kann, sondern er lehrte auch die geistige Dimension, eine höhere, **übersinnliche** Welt. Neben den Waldorf Schulen sind die Montessori Schulen eine zusätzliche Alternative. Das pädagogische Prinzip dieser Schulform orientiert sich direkt am Kind und an seinen individuellen Bedürfnissen. Kinder werden dabei als vollwertige Menschen angesehen, die darin unterstützt werden sollen, ihren eigenen Willen zu entwickeln, selbstständig zu handeln und zu entscheiden. Dementsprechend beinhaltet das Montessori Schulprinzip einen offenen und experimentellen Unterricht.

Montessori

- Erstes Kindheitsstadium: Hier bilden sich laut Montessori die Persönlichkeit eines Menschen und die Grundlagen für seine Fähigkeiten heraus. Besonders wichtig in diesem Alter sind die sogenannten ‚sensitiven Perioden' in denen die Kinder, in Konzentration versunken und durch eine Polarisation der Aufmerksamkeit, besonders empfänglich für neue Reize und Erfahrungen sind.
- Zweites Kindheitsstadium: Hier durchläuft das Kind die verschiedensten Erkenntnisprozesse, die alle auf sinnlichen Erfahrungen beruhen.
- Jugendstadium: Während dieser Phase des Umbruchs sollen die Jugendlichen eine Sicherheit in der Umgebung der Schule erfahren und so ihre Rolle in der Gesellschaft finden und Selbstbewußtsein entwickeln.

Die Schüler an Montessori Schulen sollen dazu angeleitet werden, ihren eigenen Lernrhythmus zu finden. Die Lehrer unterstützen dabei und helfen den Schülern, sich selbst zu helfen.

Vom Moment seiner Geburt strebt das Kind nach Freiheit und Unabhängigkeit vom Erwachsenen. Ebenso wie der kindliche Körper seine Fähigkeiten entwickelt und dem

Kind Bewegungsfreiheit gibt, so ist der Geist des Kindes erfüllt von Lernhunger und geistiger Autonomie. In diesem Prozeß wird der Lehrer zum Verbündeten des Kindes werden und dem Kind eine Umgebung bereiten, die auf die Bedürfnisse und den Lernhunger des Kindes ausgerichtet ist.

Eine gute Mischung aus mehreren Erziehungsstilen mit Hauptaugenmerk auf dem demokratischen Erziehungsstil ist hier wahrscheinlich die richtige Lösung – und eine Grundhaltung, die von Liebe und Herzenswärme geprägt ist, ohne dabei zu verwöhnen und grenzenlos zu sein. Ein großer Pluspunkt dieses Erziehungsstils ist die emotionale Sicherheit. Sie ermöglicht es den Kindern, sich zu eigenständigen, selbstbewußten und leistungsbereiten Persönlichkeiten zu entwickeln, die anderen Menschen mit Respekt und Wertschätzung begegnen. Ein intuitives Gefühl fehlt in unserer jetzigen Erziehung vollkommen. Unsere Welt ist bisher vom rationalen Denken gesteuert. Jeder der darin gut ist und kein Herzgefühl bei sich aufkommen läßt kommt in unserer jetzigen Welt sehr weit. Genau das müssen wir in unseren „Neuen Schulen" ändern. Gefühl und emotionales Handeln muß vorrangig gelehrt werden.

Schetinin-Schule nach Anastasia

Die Schetinin-Schule, offiziell Lyzeum-Internat für komplexe Persönlichkeitsbildung von Kindern und Jugendlichen, ist ein staatliches, von dem ehemaligen Musiklehrer Michail Petrowitsch Schetinin 1988 gegründetes und geleitetes Internat im russischen Ort Tekos in der Region Krasnodar und nach Anastasias Ideen aufgebaut. Sie wird vom russischen

Bildungsministerium getragen und ist eine von weltweit 11.000 UNESCO-assoziierten Schulen. Der Besuch der Schule ist kostenlos; allerdings erbringen die Schüler umfangreiche Arbeitsleistungen. Das Schuljahr im Schetinin-Internat beginnt jeweils zum 1. November nach der Erntesaison, in der die Schüler mitarbeiten. Es herrscht ein streng vorgegebener Tagesrhythmus, von 5 bis 21 Uhr. Lernen und körperliche Betätigung wechseln sich ab. Neben dem üblichen Schulstoff ist das Erlernen traditioneller russischer Kampfkünste und handwerklicher Tätigkeiten verpflichtend. So errichten die Schüler ihre Unterkünfte selbst, bauen Möbel, kochen, nähen usw. Manche Schüler bleiben nach Abschluss der Ausbildung im Internat und arbeiten in den dort ansässigen handwerklichen Betrieben, deren Gewinne zur Finanzierung der Schule dienen. Die Ernährung im Internat ist weitgehend vegetarisch; die Nutzung von Smartphones ist erlaubt.

Neben dem Schulleiter gibt es bei 300 Schülern nur zwei angestellte Lehrer (Letzteres Stand 2010); Fachlehrer sind ebenso wenig vorhanden wie Jahrgangsstufen oder ein Klassensystem. Die Lerninhalte werden statt dessen von den Schülern selbst erarbeitet und aneinander weitergegeben; Schetinin spricht von „300 Schülern und 300 Lehrern". Dazu werden altersgemischte Gruppen von je etwa 5–6 Schülern („Laboratorien") gebildet, die sich im Rhythmus von etwa einer bis eineinhalb Wochen mit jeweils einem Thema befassen. Dies wird als „Immersion" etwa: „Eintauchen" in ein Thema bezeichnet. Das anhand von Fachliteratur erarbeitete Wissen wird anschließend an eine andere Gruppe weitergegeben. Eine Besucherin und Befürworterin der Schetinin-Schule beschrieb diesen Prozeß, der unter der

Anleitung ehemaliger Absolventen der Schule stattfinde, als vier Schritte, die die Schüler durchlaufen:

1. Inhalte lernen   2. Das Lehren erlernen
3. Lehren   4. Das Lehren lehren

Michail Schetinin meint, der Stoff würde auf diese Weise zehnmal schneller vermittelt als bei traditionellen pädagogischen Systemen. Dies werde durch ein besonders Verständnis der Schüler füreinander ermöglicht, das in einer Atmosphäre von „offenem und freien Miteinander" entstünde. Schetinin sprach von einem „Kontakt des bioenergetischen Feldes" oder „sich berührenden Kräften" zwischen den lehrenden und lernenden Schülern; Befürworter der Schetinin-Methode im deutschsprachigen Raum bezeichnen dies als „Wissens-Osmose"

Die Praxis in den neuen Einweihungsstätten

Was macht ein Leben aus? Viele Menschen streben nach dem Glück, der Glückseligkeit, wie es unsere weisen Philosophen immer wiederholen. Glück ist nur mit rechtem Lebenswandel, der **Tugend,** zu erreichen und hat nichts mit Besitz oder Geld zu tun. „Sei fröhlich, denn da, wo die **Fröhlichkeit** in uns entspringt, ist Gott zu finden". Wenn wir die Hände in den Schoß legen und uns sagen der liebe Gott wird es schon machen, dann werden wir vor langer Weile zu Grunde gehen. Wir müssen Energie sammeln, bündeln und nutzen.

„Diese Energie ist die alles umspülende, durchdringende Kraft, die in unendlichen Dimensionen auch uns in der Gegenwart dienstbar, helfend zur Seite steht, wenn wir sie nur richtig erkennen und ehrfurchtsvoll einsetzen würden. DENN DIESE ENERGIE IST LETZTLICH DER LEBENSHAUCH GOTTES. DIE EWIG JUNGE URKRAFT.

Wir Menschen leben in der „Dualen Zweiseitigen Zweipoligen   Welt"
oben<>unten,   Mann<>Frau,   hell<>dunkel,
warm<>kalt und so fort.

Yin < > Yang typisch „Dual Zweiteilig"

Alles Göttliche ist „Einteilig, Einpolig"
Gott ist nicht oben oder unten, nicht Mann oder Frau nicht warm oder kalt.

Er ist eins, in sich Eins und wahrhaftig.

Die **Kugel**, der Kreis, der Punkt, die **Acht** oder die **Spirale** sind einpolig also göttlich.

Alles Positive was wir gelernt haben oder uns eingegeben wurde muß nun in praktischen Werken verbreitet werden. Hierzu gehören die Lehre der Götter, Arithmetik, Geometrie, **Musik**, Astronomie. **Naturkunde, Kunst,** Mathematik, Heilkunde die Heilige Geometrie, die transzendenten Zahlen, alle damit konstruierten Bauwerke, Steinsetzungen ob Steinkreise, Siebensterne, Wallanlagen, Achten, Lemniskate, Spiralen, Labyrinthe, Troja-Burgen, Kraftorte auch Gitternetze oder Leylinien.

In unseren Einweihungstempeln wird kein Wissen mehr gepaukt sondern ab jetzt die Grundweisheiten des Lebens vermittelt.

Das **Resonanzgesetz** „Anziehung der Gleichheit"

Alles was sich Ähnlich ist zieht sich an, verbindet sich zu einem Größeren. Zwei Wassertropfen fließen zu Einem zusammen wenn sie sich treffen.

„Gesetz der **Wechselwirkung**"

Was Du wirkst wirst Du ernten. Wer Weizen säht wird auch Weizen ernten.

„Gesetz der **Schwere**"

Vom unteren dunklen Kaffeesatz nach oben aufsteigen zum Geistigen, zum hellen Licht.

„**Analogiegesetz**" des Trismegistos.
Was unten ist, ist auch so wie oben.

Die Lehren der **Runenmeister** im Baum des Lebens. Sokrates, Pythagoras, der goldene Schnitt und vieles mehr.

Die Pythagoreer kannten vier mathematische Wissenschaften:
Arithmetik, Geometrie, Harmonik und Astronomie. Diese vier kehren im Curriculum der mittelalterlichen Einweihungsstätten als Quadrivium zurück: zunächst

noch als okkulte Wissenschaften verstanden, später "entmythologisiert": als

Lehre der Götter, Arithmetik, Geometrie, **Musik**, Astronomie. **Naturkunde, Kunst**, Mathematik, Heilkunde sind weitere Hauptfächer in unseren zukünftigen Einweihungsstätten.

Rationale Zahlen sind: 1,2,3,4,5,6,7,8,9 u.s.f.

Irrationale, **transzendente** Zahlen wie Kreiszahl Pi = 3,14 Eulersche Zahl = 2,71 Teilungsverhältnis des Goldenen Schnitt = 1,6 Wurzel aus 2 = 1,414, Fibonacci Reihe 1,1,2,3,5,8,13 u.s.f.

Wir sind auf dieser Erde um uns weiter zu entwickeln damit wir in Richtung Licht aufsteigen können. Dazu benötigen wir wieder funktionierende Einweihungsstätten wie früher in den Pyramiden oder Tempeln, der Externsteine und vielen anderen Kraftorten.

Ohne die richtige Ausbildung unserer Jugend wird es nur sehr schleppend zu einem harmonischen Ganzen kommen können. Darum müssen alle unsere bisherigen Gymnasien/Universitäten langsam in Einweihungsstätten gewandelt werden. Unsere Vorfahren die Hyperboreer, die Gotteskinder mit ihrer Hauptstadt Thule in Grönland, dem Grünen Land, wie es vor den Eiszeiten hieß, besaßen noch vor vielen hunderttausend Jahren dieses Heilige Wissen da sie dem Gotte näher waren als wir es uns heute denken können. Die Hyperboreer hatten lange Köpfe und waren die Erbauer von Lemurien und Atlantis. Etwas davon können wir noch erfahren in Ägypten,

Südafrika, Südamerika, Malta, England (das Kraftwerk Stonehenge), Frankreich (das Kraftwerk Carnac) oder bei uns die europäische Energiezentrale „Externsteine" bei Paderborn mit der Externstein-Dreieck-Pyramide deren Energie noch heute bis zu den Kanaren und nach Gizeh reicht und voll in Betrieb ist. Fangen wir an: Was wir alle benötigen ist ein Einweihungsplatz ein Ort wo wir Stille üben können. Da haben wir die besten Vorlagen aus dem Taltempel oder der Königskammer in Gizeh. Dieser Ort könnte ähnlich einem Garten gestaltet werden damit später auch unsere sterblichen Überreste in der Heiligen Geometrie dieses Gartens ruhen können. Als nächstes kann man aus den gefundenen Massen in den Einweihungsstätten der ägyptischen Tempelanlagen die für uns günstigsten Abmessungen zum Bau einer Einweihungsstätte, eines harmonischen Wohngebäudes oder Fabrikanlage, Stadtplanung u.s.f. zusammenfassen.

Auf, auf --- zum Licht

Die Erde ist am 11.11.2019 ein „Lichtplanet" geworden. Darum müssen wir ab jetzt, unser „Vater   Unser" erweitern:
Dein Name werde geheiligt >>> Durch uns
Dein Wille geschehe >>> Durch uns
Dein Reich komme >>> Durch uns

Wenn wir davon ausgehen das Wahrheit nur sein kann wenn:
„Alles was vom Schöpfer kommt wahr ist. Der Himmel, das Mineralreich, die Pflanzen- und Tierwelt sind wahr.

Nur der Mensch ist unwahr, wenn er nicht von Schöpfer durchdrungen ist."

Dann müssen wir auch mal nach oben schauen um zu sehen, zu erfühlen wie unser Schöpfer darauf wartet das wir tätig werden und selbst die Dinge die uns bewegen in die Hand nehmen. So habe ich vor 20 Jahren gefühlt, daß die Erde Energie benötigt um ihrem und unserem Ziel dem " Licht" näher zu kommen. Die Bienen unsere Helfer haben es nun in der heiligen geometrischen Form des Bienensiebensterns geschafft so eine große Menge kosmischer Energien auf der Erde zu bündeln das sie zum Lichtplaneten aufgestiegen ist.
Wie sagt Goethe so treffend:

„Nach dem Siege binde den Helm fester".

So können wir diesen mit vielen Wehen behafteten Wandlungs-Prozeß weiter unterstützen. Alles Positive was wir gelernt haben oder uns eingegeben wurde muß nun in praktischen Werken verbreitet werden. Hierzu gehört die Heilige Geometrie, die transzendenten Zahlen, alle damit konstruierten Bauwerke, Steinsetzungen ob Steinkreise, Siebensterne, Wallanlagen, Achten, Lemniskate, Spiralen, Labyrinthe, Troja-Burgen,

Ausbildung

Nachdem in der Grundschule: Lehre von den Göttern, Lesen, Schreiben, Rechnen, eine Sprache nach Wahl und Naturkunde gelernt sind werden in den Einweihungsstätten die weiterführenden Grundlagen behandelt. Vor Allem wird großer Wert auf die Musik gelegt zur Bildung der inneren Harmonie und Verbindung zur Mathematik.

Im Folgenden gebe ich einige Beispiele aus eigener Erfahrung die den zukünftigen Erziehern eine Hilfe für ihren Unterricht sein können. Im **Anhang** werden diese Erfahrungen ausführlicher beleuchtet.

Die deutsche Sprache

Die deutsche Sprache gründet sich auf den Wurzeln der Ur Sprache. Unsere Vorfahren zu lemurischen oder atlantischen Zeiten also vor zum Beispiel 200 000 Jahren, bedienten sich noch der Gesten oder Gedanken (Telepathie) um sich mit einander zu verständigen. Sie benötigten kaum Worte oder Schriftzeichen wie unsere hochentwickelten Tiere heute noch. Bis dann der Gott Odin am Baume hängend, nach der Erzählung der nordischen Edda, die Runen aufsammelte und deuten konnte. Runen sind die ältesten bekannten Schriftzeichen die nach ihren ersten sieben Zeichen Futhark genannt werden. Auch sie wurden zu Anfang nur als Sinnzeichen für zum Beispiel Mann, Weib oder Stier und so fort oder als Kraftsymbole benutzt. Erst nach dem Untergang von

Atlantis wurden langsam auch sie als Schriftzeichen für Inschriften benutzt.

Bis zur babylonischen Sprachverwirrung gab es auf der ganzen Erde nur eine Sprache. Alle Menschen konnten sich geistig verständigen sie benötigten das gesprochene Wort noch gar nicht.

Dann bildeten sich aus der Ursprache die noch alle Menschen verstanden die ähnlich unserem Althochdeutschen geklungen haben muß, in den verschiedenen Erdteilen und Ländern eigene Sprachen.

Wenn wir mal genau hinschauen finden wir in jedem Alphabet auf der ganzen Erde Ähnlichkeiten mit den Schriftzeichen der Runen, des nordischen Futhark.

Sogar werden heute noch ganze Worte und Ausdrücke die althochdeutscher Abstammung sind mit gleichem Sinn in anderen Sprachen benutzt.

Einige Beispiele dazu:

Bei den Maya in Cuzco heißt eine Festung …Sacsaqueman… auf Althochdeutsch Sacsa queman… deutsch …die gekommenen Sachsen… die auch mit Ihren Schiffen als die blonden Götter verehrt wurden.

Türkisch: …Döner Kebab… auf Althochdeutsch …Döner Kebab… deutsch …die (zusammen) gebabbte Nahrung…

Orient: …shalom oder salam aleikum… nicht Friede sei mit Euch sondern Althochdeutsch …sollen alle reinkommen… englisch … shall come…

Amerikanisch: Der ausgewanderte Deutsche Automechaniker Otto Krause schrieb auf die Reparaturkarte bei Ford wenn ein Auto fertig war „O.K." als Abkürzung für seinen Namen, damit der Meister wußte wer so gut gearbeitet hatte, das hat sich weltweit eingebürgert. Achten sie mal drauf wer und wann O.K.

benutzt wird. Dabei ist es ja gar kein gewachsenes Wort sondern ein Neuling ein Unding unserer Sprachen das in der „Neuen Schule,, verpönt werden muß.

Aus dem Althochdeutschen das der Ursprache am Nächsten steht ist durch Martin Luther und die Gebrüder Grimm unser heutiges Hochdeutsch geformt worden. Der deutsche Zeichner und Künder Ludwig Richter schreibt dazu:

„Die deutsche Sprache hat über 300 Jahre einen Stillstand in ihrer Entwicklung erlebt, da durch die Griechen, Römer, Franzosen und Amerikaner über 15 000 Fremdwörter übernommen wurden.

Der deutsche Kaiser Karl V. konnte die deutsche Sprache nur radebrechen. Die Umgangssprache war bis ins 18 Jahrhundert Französisch. Friedrich der Große sprach und schrieb Französisch. Die Sprache der Wissenschaft war damals Lateinisch. Sie war auch die Sprache der Reichsversammlungen, Konzile, Schule, Gottesdienste und Verwaltung. Um 1600 waren dreiviertel aller Bücher in Latein geschrieben. Diese Zeit der sprachlichen Fremdherrschaft hat die deutsche Umgangssprache entkräftet und verseucht. Ein deutsches Wort wie Baum oder Hund hat immer eine enge Beziehung zu unserem inneren Wesen. Wir lernen von der Mutter was ein Baum ist, sehen ihn von Kindesbeinen an und erfreuen uns an ihm. Zum „Tree" oder „Dog" haben wir keine Verbindung so ist das Wort für uns ein Fremdwort worunter wir uns nichts vorstellen können. Wir müssen es mühsam lernen und übersetzen.

Noch besitzen wir die schönste und stärkste Sprache der Welt ein Instrument das nirgends seines Gleichen hat. Werden wir die Musikanten die es spielen lernen und zur Reife bringen. Achtet auf das was ihr sagt. Bei einer entscheidenden Abstimmung am 9. Januar 1794 des US-Repräsentantenhaus in Philadelphia ob Englisch oder Deutsch war nur eine Stimme mehr und man entschied sich für Englisch als Weltsprache. Das Deutsche wird aber dank seiner Abstammung von der Ursprache und da es so vielseitig ist die kommende Weltsprache werden".

Umerziehung des „Deutschen Volkes"

Die US Besatzer haben nach ihrem Sieg 1945 mit Hilfe von **Max Horkheimer** und seinem Institut das Deutsche Volk umerzogen. Das müssen wir jetzt wieder ins rechte Lot bringen. Dazu im Nachfolgenden was damals geschehen ist.

Die Umerziehung hatte den Zweck, das deutsche Volk auf psychologischem Wege in seiner geistig-seelischen Substanz entscheidend zu verändern. Damit schufen sich die Westmächte ein Mittel, das die Menschen in der Bundesrepublik mit Hilfe einer systematischen Massenbeeinflussung unterwarf und sie alle Schuld freiwillig auf sich nehmen ließ.
Die geistig-seelische Umstrukturierung begann schon 1930. In diesem Jahr wurde **Max Horkheimer** zum Leiter des Instituts für Sozialforschung in Frankfurt a.M. bestellt. Er verknüpfte die Aussagen von Marx und Freud und verband so Soziologie und Psychologie zur Sozialpsychologie. Sein Institut wurde alsbald als "Marxburg" bekannt und zu einem besonderen Anziehungspunkt links intellektueller Akademiker. Zu den Dozenten und Assistenten gehörten beispielsweise **W. Adorno** und **Herbert Marcuse**.

Die Abteilung für psychologische Kriegsführung wurde in Abteilung für Informationskontrolle umgetauft. Eine ihrer Hauptaufgaben war die Vergabe von Lizenzen für Zeitungsherausgeber, Verleger, Filmintendanten und Rundfunkdirektoren. Die Anwärter auf diese Posten wurden in Bad Orb im Screening Center, das von dem New Yorker Psychiater **David Mardochai Levy** ins Leben gerufen wurde,` auf ihre - im Sinne der neuen sozialpsychologischen Thesen - "charakterliche Eignung" getestet.

Als aussichtsreichstes Mittel für die Änderung des deutschen Charakters wurde die Erziehung angesehen, und der Leiter der Abteilung "Erziehung" bei der amerikanischen Militärregierung verkündete 1948 in einem Umerziehungsprogramm u. a.:

"Die wahre Reform des deutschen Volkes wird von innen kommen. Sie wird geistig und moralisch sein. Die Schultypen sind von geringerer Bedeutung für die Zukunft Deutschlands und der Welt als das, w a s gelehrt wird, wie gelehrt wird und durch w e n gelehrt wird. Keine Besatzungsarmee wird je erfolgreich ein pädagogisches oder kulturelles Schema einem besiegten Volke auferlegen. Militärregierung würde als Militärregierung angesehen werden. Es wird daher das Ziel der Militärregierung sein,

a) die als demokratisch bekannten Elemente in der deutschen Bevölkerung zu identifizieren und zu ermutigen;

b) die Entwicklung oder Wiedererrichtung von Institutionen und Organisationen in Deutschland zu unterstürzen, die zur Erfüllung unserer Mission beitragen können." 1.500 Deutsche wurden von den Siegern ausgewählt, um als Spitzenmitarbeiter den Umerziehungsprozeß voranzutreiben. So gingen die Amerikaner davon ab, den Deutschen Reformen aufzuerlegen. Sie gingen statt dessen dazu über, in die Gesellschaft deutsche Männer, Institutionen und Ideen einzubauen, die die Ziele der Militärregierung verwirklichen würden, ohne daß der amerikanische Einfluß auf den ersten Blick erkennbar war.

Anmerkung: „Bei der Abitur Abschlußfeier des deutschen Kopernikus Gymnasiums in Ratingen-Lintorf 2001 wurden ausschließlich amerikanische Lieder und Texte vorgetragen. Die Umerziehung zeigt hier 100% Erfolg".

Die lückenlose und zentral gelenkte Einführung der politischen Wissenschaften in allen westdeutschen Universitäten und Hochschulen ist ein Musterbeispiel für praktizierte Umerziehung. Wie hier vorgegangen wurde, zeigt die Lektüre des Gesamtprogramms der Konferenz von Waldleiningen vom 10. und 11. September 1949, die auf Anregung der amerikanischen Militärregierung von der hessischen Landesregierung veranstaltet wurde.

In Vortrag und Diskussion wurde dort die These vorbereitet, daß die deutschen Hochschulen zur Einübung des demokratischen Lebensstils unbedingt Lehrstühle für politische Wissenschaften benötigten, in engem Zusammengehen mit den Besatzungsmächten sollte eine Methode ausgearbeitet werden, durch die für die Hochschulen, ohne daß ihrer Autonomie zu nahe getreten wurde, einige Leute aus dem Ausland zum Neuaufbau dieser Lehrstühle herangeholt werden konnten. Zur

Umerziehungsmethode äußerte sich 1967 der Ordinarius für Politikwissenschaft an der Universität Frankfurt/M., Prof. Dr. Iring Fetscher, sehr präzise:

"Als durch die totale Niederlage der Wehrmacht die Voraussetzungen für den Aufbau eines neuen, demokratischen Deutschlands entstanden waren, wußten westliche Alliierte so gut wie deutsche Demokraten, daß hierfür nicht nur die Schaffung von Verfassungen und die Neubildung von Parteien erforderlich sein würde, sondern auch ein intensiver Wandel des Denkens, der Empfindungen, der Verhaltensweisen. Soziologie, Demoskopie, Politwissenschaft dienen als wissenschaftliche Hilfsinstrumente bei der Orientierung.

Wenn die Strukturen der Familien autoritär sind und bleiben, und wenn im Berufsleben ein starres und hierarchisches Unterordnungsverhältnis besteht, kann kaum erwartet werden, daß die Einstellung zu politischen Entscheidungsfragen vom Geist der Toleranz, der Freiheitsliebe, der demokratischen Mitverantwortung geprägt wird." Hier wird der Grund erkennbar, warum in Westdeutschland systematisch die Emanzipierung der Jugend von der Familie betrieben wird. Prof. Fetscher fährt dazu fort:
"Die moderne Sozialentwicklung kommt diesem Prozeß der Auflösung autoritärer Verhaltensmuster in mancher Hinsicht entgegen." Eine Konsequenz davon ist die in den USA erfundene und von dort in die Bundesrepublik eingeführte antiautoritäre Erziehung. Zur Ehre der USA ist allerdings festzustellen, daß dort die Schädlichkeit dieser Methode für Staat und Gesellschaft längst erkannt

wurde, wogegen sie hier leider immer noch weiter praktiziert wird.

Der frühere SDS (Sozialistische Deutsche Studentenbund) ist ein legitimes Kind der nach 1945 etablierten Soziologen und Politologen, und der Prophet dieser Studentenorganisation war der Professor für Sozialphilosophie Herbert Marcuse.

Heute sind es schon die Schüler der ersten Politologen, die in Schlüsselstellungen der westdeutschen Meinungslenkung negativ wirksam sind, vor allem auch in Bezug auf die deutsche Schuldfrage, die Umwertung der deutschen Geschichte und die Hinwendung zum Sozialismus/Kommunismus.

Unter den Folgen der mit modernsten psychologischen Erkenntnissen arbeitenden und alle Möglichkeiten der Meinungsbildung erfassenden UMERZIEHUNGSPOLITIK leidet heute in zunehmendem Umfang das gesamte deutsche, Staats- und Gesellschaftsleben. Dabei ergeben sich u.a. folgende Erkenntnisse:

a)

Das Volk soll in seiner geistig-seelischen Substanz entscheidend beeinflußt werden, um es politisch an der Kandare zu halten, und zwar, wie der Amerikaner Louis Nizer in seinem 1943 erschienenen Werk "What do you do with Germany?" schrieb, und von dem Präsident Truman verlangte, da es jeder Amerikaner lesen sollte, politisch hart, wirtschaftlich aber großzügig. Die wirtschaftliche Lebensgrundlage sei Voraussetzung für den Erziehungserfolg. Also: Ablenkung des Bundesbürgers von der Politik durch das Wirtschaftswunder. Der Erfolg hat dem Verfasser voll recht gegeben. Also Butter, Autos, Fernseher und kein Grips.

b)

Uns wurde der Sonderstatus des verbrecherischen und am letzten Kriege alleinschuldigen Volkes auferlegt. Die Schwarz-Weiß Malerei in der geschichtlichen Beurteilung des deutschen Volkes wurde so nachdrücklich betrieben, daß das Volk (auch diejenige Generation, die schon die Weimarer Zeit miterlebt hat) trotz gegenteiligen Erlebens, weitgehend an die aufgestellten Thesen glaubt.

c)

Man setzt die Kriegsgenerationen einer Dauerdiffamierung aus und bemüht sich, in ihnen die Vorstellung des eigenen Versagens, der eigenen Schuld und der Kollektivschuld zu erzeugen.

d)

Den nachwachsenden Generationen bemüht man sich einzureden, daß sie ein Recht haben, ihre Eltern unter einen Schuldvorwurf zu stellen und gegen sie zu revoltieren. Gezielte Zersetzungskampagnen schwächen die Staatsautorität. Politologen und Soziologen sind in Schulen, Universitäten und anderen meinungsbildenden Organisationen rastlos tätig, und zu ihnen gesellen sich andere politisch gleichgerichtete Kreise.

e)

Im Bereich der offiziellen Kulturpolitik ist alles Erhabene, Erhebende und Schöne außer Kurs. In der bildenden Kunst, auch in der kirchlichen, herrscht abstrakter Konstruktivismus, der bis zur Anormalität und Nihilismus geht. In der Literatur herrscht ein hektisch überdrehter und ideologisch einseitiger Betrieb im Zeichen von Marxismus und Freudianismus, von

Auflösung der alten, traditionsreichen Gesellschaftsordnung bis zur unmittelbaren Staatszerstörung. In der Musik gilt offiziell die Atonalität und der Konstruktivismus in der Unterhaltungsmusik amerikanischer Import, hektisch und ohne jede stimmliche Kultur, im Stil immer eintöniger mit zunehmend afrikanischen Elementen.

f)
Zur systematischen Zersetzung der westdeutschen Moral gehört die Einführung des Begriffs der pluralistischen Gesellschaft, wonach sich jedermann seine eigenen Wertmaßstäbe selbst bilden kann, und innerhalb dessen vor allem die Verbreitung der Vorstellung, daß es keine absoluten Sittengesetze gibt. Durch solche Lehren überläßt man es also auch den Jugendlichen, die altersmäßig nach den allgemein geltenden wissenschaftlichen Erkenntnissen dazu noch gar nicht fähig sind, sich eigene Wertmaßstäbe zu bilden. Damit wird das westdeutsche Gemeinschaftsleben schon bei der Jugend zersetzt, und diese lebt weitgehend in einem moralischen Nihilismus, da sie nicht unterscheidet zwischen Gut und Böse, Recht und Unrecht, sondern deren Verhalten sich mehr oder weniger danach richtet, was ihr nützt oder nicht nützt. An die Stelle allgemeingültiger Leitbilder ist das eigene Ich getreten, an die Stelle des Gemeinwohls der Egoismus. Der ehemalige Präsident des Bundesverfassungsgerichts, Dr. Gebhard Müller, sprach es einmal aus, daß die öffentliche Moral in der Bundesrepublik Deutschland, wie sie sich aus einer Reihe von Film- und Druckerzeugnissen dokumentierte, auf einen Tiefstand abgesunken sei, der nirgendwo auf der Welt unterboten werde. Da der Staat zu wenig dagegen unternehme,

34

werde es auch verantwortungsbewußten Eltern fast unmöglich gemacht, ihre Kinder vor den Gefahren einer sexuellen Verwilderung zu bewahren.

g)

Nachdem die Westdeutsche Kultusministerkonferenz den Beschluß faßte, daß im Geschichtsunterricht die deutsche Alleinschuld zugrunde zulegen sei, wurde der obligatorische Geschichtsunterricht an den westdeutschen Schulen praktisch abgeschafft und weitestgehend durch Politologie und Soziologie ersetzt. Dies bedeutete, daß man die westdeutsche Jugend zu "geschichtslosen Barbaren" formte. Der Verlust der Geschichte ist, um mit Prof. Schoeps (Die Schreibtischtäter) zu sprechen, gleichbedeutend mit einer moralischen Krisis, einem Zurückziehen ins Felachendasein einer Verkümmerung des Menschentums, deren Symptome Daseinsflucht, Verwirrung und Entscheidungslosigkeit sind. Diese Analyse von Prof. Schoeps entspricht derjenigen einer kritischen Rede, die Mitte April 1983 der damalige amerikanische Botschafter Burns vor einem Ausschuß des deutsch-amerikanischen Kongresses über den Zustand der deutsch-amerikanischen Beziehungen hielt. In einem anschließend in der Bundesrepublik gegebenen Interview legte der Botschafter das heißeste Eisen der Bundesrepublik offen, indem er aufforderte: " die Ehre des deutschen Volkes wiederherzustellen" bzw. "das Geschichtsbild, das in den letzten 37 Jahren von bestimmter Seite geprägt worden ist, ins rechte Lot zu rücken. "Der heutigen Generation muß das Schuldgefühl genommen werden, das ihr in der Völkerfamilie so sehr schadet". Im gleichen Sinne sprach auch Präsident

Reagan bei seinem Deutschland-Besuch vor dem Hambacher Schloß zur deutschen Jugend. Die Administration Reagan, die ja mit der Administration Roosevelt und Truman ideologisch nicht identisch ist, bekennt sich also zu der Einsicht, daß die amerikanische Umerziehungspolitik mit ihrer Pflege des deutschen Alleinschuldgefühls schädlich war.

Dies ist der große Plan, für den einzelnen ist das oft recht schwer zu erkennen.

Wir müssen alles nachholen, was wir in der Schule durch die Schuld der Herrn Horkheimer, Markuse und Adorno versäumt haben. Lesen, lesen, lesen, aber das Richtige. Möglichst Literatur, die vor 1905 geschrieben ist, da können wir nichts falsch machen. Immer die Spreu vom Weizen trennen.

Obiger Beitrag: Auszug aus meinem Buch
„Gute **Gedanken aufgelesen**"
L,S,H, Verlag, V. v Schintling-Horny, Ratingen

Woher kommen die Gedanken?

Warum sind die Gedanken bei den einzelnen Menschen so unterschiedlich? Auch innerhalb eines geschlossenen Volkssystems? Wie uns Barbara Gerbig berichtet können Gedanken die Welt verändern!

Wenn viele Volksangehörige den gleichen Gedanken durch ihre Seelenkräfte hegen und nähren, wird er auch innerhalb der physischen Welt auferstehen.

Unsere Gedanken kommen aus der Weltenseele über unseren Johann (Geistführer) zu uns. Das was wir täglich lernen, erleben, sehen, fühlen, sprechen oder erfahren senden wir durch unsere persönliche Seele an die allwissende Weltenseele die alles in dem göttlichen Supercomputer speichert. In unserem Kopf befindet sich, wie in jedem Computer, nur ein kleiner Arbeitsspeicher für den alltäglichen Bedarf.

Beweis: Denke mal an nichts. Völlige Leere. Es stellen sich plötzlich mitunter völlig absurde Gedanken ein, die nichts mit uns oder unserer bisherigen Erfahrung zu tun haben. Woher kommen sie?

Da es aber so viele unterschiedliche Gedankenschwingungen auf dieser Welt gibt - mindestens so viele wie Menschen - so ist jeder Mensch berechtigt und verpflichtet, die Gedanken, die für die Höherentwicklung der Schöpfung notwendig sind, heraus zu filtern, ihrer inne zu werden und sie zu verkörpern. **Nur so kann eine wirkliche Änderung des augenblicklichen chaotischen Zustandes herbeigeführt werden.**

Ist aber das eigene Volk sowie die übrige Menschheit im egoistischen Tun gespalten, so wird es weiterhin Chaos und keine Harmonie in der Schöpfung, im Kosmos geben.

Als Gleichnis mögen die Radio- und Fernsehwellen dienen. Es gibt aufbauende, erhebende, aber weit mehr zerstörende, lügenhafte Sendungen. Es liegt an Dir, welchen Sender Du einstellst. Es gibt innerhalb der Schöpfung göttliche sowie diabolische und egozentrische Sender. Entschließe Dich, welchem Du Dein Bewußtsein öffnen willst. Handle danach.

Damit gestaltest Du Deine und die Zukunft der gesamten Menschheit, ja selbst des Universums.

Was wir säen - ernten wir.

Solange wir das nicht begreifen, werden wir geistige und körperliche Sklaven bleiben.

Die Kraft der Gedanken

Gott hat uns die Freiheit der Gedanken mitgegeben. Gedanken sind Energien. Wir sind, was wir denken! G.W. Surya sagt in seinem Buch „Die Kraft der Gedanken, des Wunsches und Gebetes": „Lerne richtig denken, richtig wünschen, richtig wollen, denn daraus fließen deine Handlungen, und diese wieder bestimmen dein Schicksal." Und nicht nur das eigene Schicksal, sondern das Geschehen in dieser Welt wird beeinflußt von unserer Denkungsart.
Gedanken sind geistige Energien und kein einziger Gedanke geht verloren. Unsere heutige Zeit ist gespickt mit Macht- und Manipulationsgeschehen, mit Ungerechtigkeiten, über die wir uns aufregen könnten und die meisten Menschen tun dies auch. Wir sollten lernen, umzudenken. Nicht emotional mit Gedanken der Aggression in das Geschehen hineinzugehen, das uns heute täglich begegnet, sondern versuchen, neutral hinzuschauen und wahrzunehmen, was es ist, ohne Verurteilung. Wir können erkennen, wes Geistes Kind uns da begegnet. Lassen wir uns verleiten, in unsere

emotional geladene Ablehnung hineinzugeben, sind wir schon wieder in der energetischen Verbindung mit dem, was wir ablehnen und stärken es mit unserer Energie. Wir sollten uns bewußt werden, daß wir Licht sind, Kinder Gottes, die sich nicht dazu hergeben, die Schatten, das Dunkle, zu unterstützen.

Gedankenenergien, die wir als dunkel, als schattenhaft bezeichnen würden, ballen sich zusammen und umgeben unsere Erde und sie werden genährt von jedem Gedanken, der nicht „licht" ist. Und diejenigen, die sich auf der Seite der Schatten bewegen, nähren sich von diesen Energieballungen und wir nähren sie mit, wenn wir dem nicht ein ganz klares Nein entgegen setzen. Ein Nein, indem wir uns immer wieder sagen: Wir sind, jeder einzelne, ein Gedanke Gottes, und es ist unsere Aufgabe, das Christuslicht in uns zum Strahlen zu bringen.

Mit der Umpolung unserer Gedanken und Empfindungen können wir die Welt verändern, in energetischer Verbindung mit den Menschen, die dies erkannt haben und sich ebenfalls darum bemühen.

Das Herausnehmen unserer Gedankenenergie aus den Dingen der Macht und der Manipulation ist der erste Schritt, den wir tun müssen.

Briefe des Vaters an seine lieben Kinder!

Wenn Ihr jetzt immer größer werdet und ich immer älter, so kommt die Zeit, wo der Vater Euch werdenden Menschen so manches zu sagen hat. Teils habe ich es Euch schon einzeln gelegentlich gesagt, teils nicht. Ich halte es für notwendig, daß das, was ich in einem Lebensalter an Erfahrungen verschiedenster Art gemacht habe, festgehalten wird. Ich habe mich Euch gegenüber immer versucht als der ältere Freund einzustellen. Und eine Freundschaft soll der gegenseitigen Ergänzung dienen, dem gegenseitigen Helfen, dem gegenseitigen Gedankenaustausch. Ich bin Euer natürlichster Freund. Ich werde Euch hier so manches sagen, womit Ihr vielleicht nicht einverstanden seid, aber laßt es Euch durch den Kopf gehen, denn natürlich sind meine Gedanken solche, die durch Alter erworben sind, die Eurigen aber junge, gefühlsmäßige und zum Teil unreife!. Ich will versuchen, in diesen Briefen so Manches zu streifen, was Euch wohl nur gelegentlich durch den Kopf geht, aber was deshalb doch notwendig ist. An die Spitze möchte ich 2 Sprüche stellen, die sonst nicht meine Art sind, aber die ich besonders liebe:

1. Was du ererbt von deinen Vätern, erwirb um es zu besitzen!
2. Nach dem Siege binde den Helm fester!

Ferner lest immer wieder den Spruch über meinem Waschtisch, er ist ein Glaubensbekenntnis und eine Richtschnur fürs Leben, wie sie nicht besser sein kann und wie ich sie versucht habe, zu befolgen. Dieser Spruch stammt aus dem Arbeitszimmer Kaiser Wilhelm I und Friedrich des Großen, hier in Reime gefaßt.
„Suche immer das Gute, sei stark im Schmerz. Öffne allen Menschen Dein frohes Herz. Unerreichbares und Wertloses lasse links liegen, sei mit dem Tag wie er kommt, zufrieden. Freue Dich an Mensch und Natur wie sie nun einmal sind, für bittere Stunden tröste Dich mit einer, die schön beginnt. Gib Dein bestes Können auch ohne Lohn und Dank. So bist Du ein Glücklicher - Freier

ein Leben lang. Mißtrauen ist ein Unrecht gegen sich und andere, Habe Mut, sage ja! Kommt es anders, stehst Du überlegen da. Die Welt ist so groß, die Menschen so klein, Da kann doch nicht alles nach Deiner Mütze sein. Wenn Dir was schadet oder wehe tut, Wer kann wissen, ob es für die Schöpfung gerade gut. In allem, ob tot oder lebendig, strömt der weise Schöpfer dahin. Wir können es nur nicht begreifen mit dem kleinen Verstand hier drin. Wie alles ist, so muß es sein auf dieser Welt, Er hat's gemacht, so, wie es ihm gefällt".

Weitere Gedanken zu folgenden Themen im Anhang.

Über den Umgang mit Geld,
Über Freundschaften, Bitten oder Danken
Über den Alltag, Über die Pflicht, Über den Alltag.

Nahrung für Geist-Seele-Körper

Innere und äußere Zutaten für ein gesundes Leben.

Geist Nahrung

Wir sind im Kern „Geistige Wesen"
Wir haben einen „Gottesfunken" in unserem Herzen.
Unser Geist hat Verbindung mit dem Verstand.
Gottes Bereich ist göttlich für uns unerreichbar, sein Wille ist Geist. Dieser Geist erschuf das Paradies nach seinem Willen dann auch die Schöpfung und das Geist-Samenkorn des Menschen. Der Mensch ist Träger des göttlichen Geistes.

Seelen Nahrung

Umarmen, Sprechen, Streicheln, Liebe und Zuneigung
Natur --- in den Wald gehen
Pflanzen, Bäume, Tiere,
Himmel und Erde beobachten
Angenehme Gerüche
Gute Musik hören
Alles Dunkle, Negative meiden

Der Verstand ist ein brauchbarer Diener der Seele, aber
ein unbrauchbarer Führer

Harmonische Musik hören oder selbst spielen ist ein
Lebenselixier, ein Ohrenschmaus. Ob Pflanze, Tier oder
Mensch, alle brauchen dieses Elixier um größer, stärker
und weiser auf dieser Welt zu werden.

Körper Nahrung

Unser Körper besteht aus 80 % Wasser. Wasser speichert
alle Informationen seit Anbeginn seiner Existenz. Die
Kristall Fotografie von Dr. Masaru Emoto zeigt uns
deutlich wie alle negativen Informationen (Östrogene,
Antibiotika u.s.f.) gelöscht werden können und eine
Gottesenergie-Gabe mit einem kleinen Spruch dauerhaft
in das Wasser hineingegeben werden kann.
Spruch:
Ich **wandle** alles Wasser das in diesem Haus gezapft oder
aus Flaschen ausgegossen wird in:
„56 Monokulares Kugelcluster Wasser"

Für eine Mahlzeit reichen 40 g Getreide!

Diese Menge ist ausreichend, wenn das Getreide nicht zu Mehl vermahlen und nicht gekocht wird. Das volle Korn gequollen hat einen doppelt so hohen Nährwert wie Brot. Das Getreide wird mit der doppelten Menge Wasser eingeweicht, abgedeckt und im Wasserbad schonend aufgeschlossen. Ideal ist es, wenn das Getreide zusammen mit Hülsenfrüchten, z. B. Linsen, verzehrt wird. Beide Lebensmittel werten sich gegenseitig auf. Im Getreide fehlt die lebensnotwendige Fettsäure Lysin; diese ist in den Hülsenfrüchten reichlich vorhanden. Darum morgens im Müsli Hirse und Linsen mit vermahlen.

Mit dieser Nahrung kann man über viele Stunden - auch körperlich – arbeiten, ohne zur Mittagszeit jemals Hunger zu verspüren. Auch Mungbohnen und Alfalfa lassen sich vorgekeimt, bestens im Körper verwerten.

KNOBLAUCH KUR VERJÜNGT
- ALLE 5 JAHRE - DEN KÖRPER

Ein altes chinesisches Rezept, gefunden von der Kommission UNESCO bei OSN im Jahre 1972 in Tibet. Es wurde in alle Sprachen übersetzt und datiert 4.000 bis 5.000 v. Ztr.

Der Extrakt löst im Organismus alle Fette und angesetzten Kalk auf, verbessert schnell den Metabolismus (Stoffwechsel) im Körper, und auch die Adern werden elastischer.

Damit beugt man folgenden Krankheiten vor: Hypertonie, Herzinfarkt, Stenocardie (Angina pectoris) und Sklerose (Verkalkung) sowie verschiedenen Geschwulste, Kopfschmerzen und Kopfrauschen; zudem sorgt es für eine Verbesserung des Augenlichts. Bei Anwendung dieses Rezeptes wird der Organismus um ca. 16 Jahre verjüngt!

Achtung: Die Kur darf erst nach 5 Jahren wiederholt werden, nicht früher!

Rezept zur Bereitung eines Knoblauch-Extraktes;

350 g Knoblauch schälen, fein zerdrücken und mixen, in einen
irdenen Topf geben und mit 200 g gutem Alkohol übergießen. Den Topf fest zugedeckt 10 Tage an einen dunklen, kalten Ort stellen. Danach wird alles durch ein festes Stück Stoff gegossen und durchpassiert.

Nach 2-3 Tagen kann die Heilbehandlung beginnen:

Jeweils die angegebene Anzahl an Tropfen mit 5 g Kuhmilch oder Kokosmilch einnehmen:

Tag	**Frühstück**	**Mittag**	**Abend**
1	1	2	3
2	4	5	6
3	7	8	9
4	10	11	12
5	13	14	15
6	16	14	13
7	12	11	10
8	9	8	7
9	6	5	4
10	3	2	1
11	15	25	25
Ab 12	25	25	25

Die weiteren Tage immer 25 Tropfen je Mahlzeit bis zum völligen Verbrauch.

Muskel-Arbeit macht das Leben süß.

Ohne Arbeit wären wir nicht lebensfähig. Arbeit ist das A und O der Gesundheit. Für jede Arbeit muß der Kopf erstmal einen Plan entwickeln. Wenn ein Garten, ein Haus, einen Wald, eine Schmetterlingssammlung, ein Bild, ein Fest, eine Holzdimme oder ein Kuchen für den Sonntag in der Küche geplant wird, ist eine Menge geistiger Tätigkeit vorher notwendig. Der Bau oder das Rezept müssen gestaltet werden. Sind diese Vorarbeiten fertig ist die Material Beschaffung zu planen. Wenn dann alles besorgt ist, geht es mit viel Liebe und Überlegung an die Ausführung. Stellen wir uns vor mit all diesem Tun laden wir eine **innere Batterie auf**. Bei der Ausführung lassen wir uns viel Zeit. Da ist der richtige Platz, das beste Material zu finden. Die Größe ist ein wichtiger Punkt. All dies ist selber zu machen und am Beginn keine Helfer hinzuziehen. Die Helfer würden einen Teil der Batterieladung entnehmen. Ist dann nach längerer Bauzeit alles fertig, dann ist auch die innere Batterie voll aufgeladen und man kann sich dort selbst in mageren Zeiten Energie holen.

K U N S T kommt von Er<<<kennen.

Kunst ist die Darstellung der Dinge nach göttlichen immerwährenden Gesetzen. Da, wo diese immerwährenden Wahrheiten von Harmonie und Einheit durchbrochen werden, hört die Kunst auf.
Sie wird dann künstlich, naturfern, teuflisch, destruktiv.

Der Künstler soll mit der Seele aus dem Buche der Natur lesen.

Erst die meisterliche Rückübersetzung in Form und Farbe ist Kunst.

Unsere Moderne ist, wie es die „Frankfurter Schule" mit dem Sozialpsychologen Max Horkheimer vorgegeben hat, destruktiv, zerstörend. Die moderne Kunst ist künstlich von oben gemacht. Wenn ich mir ein altes Ölgemälde von Rembrandt oder einen Renoir anschaue, dann erlebe ich **Freude, Hochgefühl, Ruhe, Natur**, eigentlich das, was ich in unserem hektischen Leben heute brauche, um abzuschalten, um ruhig zu werden, um Mensch zu sein. Wenn den ganzen Tag über Telefone klingeln, Sirenen heulen, die Johanniterwagen mit Martinshorn draußen vorbeirasen, dann braucht man Ruhe. Und wenn ich das nur in Form der schönen, harmonischen Bilder bekomme oder einer klassischen Musik, Mozart, Beethoven, oder einer Plastik eines griechischen Kopfes. Dann bin ich beruhigt und habe keine Sorgen mehr.

Die Moderne Kunst ist ein Politikum. Alle Menschen, sollen von der Tradition von dem geraden Weg von dem Göttlichen, dem Er<<<kennen in der Kunst getrennt werden. Die Moderne zerstört den Halt an Hergebrachtes sie macht die Wähler gefügig für alle politischen Übertretungen der Mächtigen. Jemand, der keinen geraden Weg geht, keinen dicken Nacken hat, keine eigene Meinung vertritt, kein genaues Ziel kennt, der ist eben ohne Ziel.

Wer vom Ziel nichts weiß, der vom Weg nichts kennt.

„Die falsche moderne Kunst ist nicht ein Spiel unter anderen oder gar die gültige Kunstform unserer Zeit, sie ist im Gegenteil eine Absage an die Kunst, ein boshafter

Angriff gegen das Schöne und Sinnvolle, geführt mit schein-künstlerischen Mitteln.

Musik ist Leben

Am Anfang war das Wort. Wort ist Klang und Klang ist Musik. Also war am Anfang Musik. Aus dieser Folgerung ist harmonische Musik das Lebenselixier, das uns hilft, groß und stark zu sein, um die vielen Aufgaben des Lebens zu meistern, um weiterzukommen, um sich zu bewähren, um weiser zu werden, um vielleicht eine Erleuchtung zu erhalten. Die Moderne hat nur einen zerstörenden, destruktiven, zermürbenden, ungöttlichen Einfluß auf unser Dasein. In der Musik gilt offiziell die Atonalität und der Konstruktivismus, in der Unterhaltungsmusik amerikanischer Import, hektisch und ohne jede stimmliche Kultur, im Stil immer eintöniger mit zunehmend afrikanischen Elementen." Im Folgenden zeige ich eindeutig, wie uns die harmonikale Musik zum Labsal und Ohrenschmaus werden kann, wenn wir sie richtig auswählen, bewerten und fähig sind zu unterscheiden. Wenn es an Unterscheidungsvermögen fehlt, dann müllen wir uns zu bei dem heutigen Überangebot. Dieses Unterscheiden kann man nur durch lebenslanges, dauerndes Üben lernen.

Gott gib uns den Mut das hinzunehmen was man nicht ändern kann
Und die Kraft das zu ändern was zu ändern ist
Und die Weisheit zwischen beiden zu unterscheiden.

Oetting

Musik und Mathematik sind göttliche Brüder, die einander ergänzen und voneinander abhängig sind. Wer Musik verstehen will sollte auch etwas von der Mathematik verstehen.

Mit der Schulzeit änderte sich dieses musikalische herumlungern schlagartig. Harmonie, künstlerische Veranlagung, Verständnis der Natur sind seit Äonen von Jahren in unseren Uranlagen gespeichert und brauchen nur geweckt zu werden um heute wieder in uns neu aufleben zu können. Carl Gustav Jung nennt es „ Das kollektive Unbewußte". Es ist ein Erinnern an uralte Erfahrungen, erlebte Tonfolgen, Harmonien, Erlebnisse, Begebenheiten die alle in unseren Erbsubstanzen gespeichert sind. Schon im griechisch-römischen Altertum war man der Überzeugung, daß Töne, Zahlen, Intervalle mit den Himmelsbewegungen zu tun hätten. Die klassische Musik dient als Mittel, um die Seelen zu läutern, damit sie auf einen Wege wie dem in "Wie erlangt man Erkenntnisse der höheren Welten"? (Rudolf Steiner) beschrieben ist, sich vollenden können.

Sphärenklänge an unseres Daseins Grenzen.

Zu den ältesten Instrumenten der Musik gehörten im Altertum die Leier und die Harfe. Um deren Gesetze zu verstehen, benutzte man das Monochord. Sowohl mit Fingerzupfen als auch mit einem Geigenbogen kann man die Saiten zum Schwingen bringen. Ein Steg unter die Saiten geschoben, bewirkt daß immer kürzere Teile der Saiten zum Tönen gebracht werden

„Die Pythagoreer experimentierten mit dem Monochord

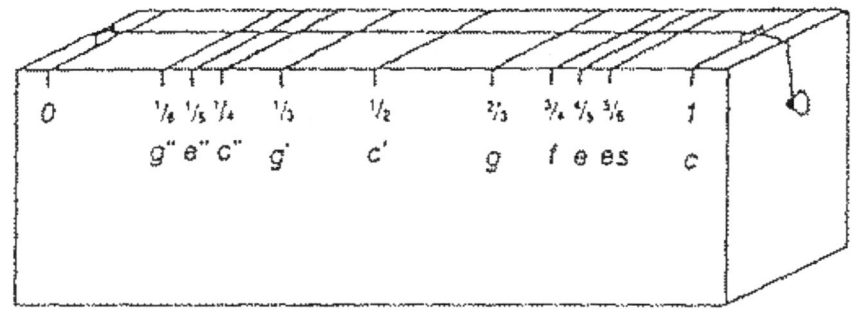

Das Monochord, Versuchsinstrument der Pythagoreer
R. Haase

und variierten die Länge der unter konstanter Spannung stehenden Saite durch Einschieben eines Steges. Beim Halbieren ergab sich ein zum Grundton harmonischer Oberton. Diesem harmonischen Zusammenklang zweier Töne entsprach das Zahlenverhältnis 1 : 2, und in der Musiktheorie bezeichnet man dieses Intervall als Oktave. In der Heilkunst finden wir die »Musiktherapie«. Ebenso weiß man, daß Musik auf das Verhalten der Tiere wirkt. Kühe etwa geben bei einer harmonischen Musik mehr Milch. Blumen wenden sich ab vom Rock und hin zu Mozart. Alle Töne, proportionale und Intervalle, sind untrennbar miteinander verbunden. Eine klingende Saite schwingt nicht nur in ihrer gesamten Länge. Sie schwingt auch in den unterschiedlichsten, selbständig schwingenden Teilen. Neben dem Grundton sendet dieses schwingende System noch eine Reihe von anderen Tönen aus, die Obertöne.

Die Eins schafft weder Körper noch Raum, sie ist auf eine »unirdische Art« Körper und Raum. Das zeigt sie am deutlichsten mit ihren Symbolbildern, der Kugel und dem Kreis, die beide nicht in derselben Art begrenzt sind wie z. B. der Kubus, der durch sechs Quadrate begrenzt ist. Die Kugel kann sich vom Punkt aus, der selber eine winzige Kugel ist, durch eine zentrifugal wirkende Kraft bis zum unendlich Großen ausdehnen (im Unendlichen verschwinden), um dann durch eine zentripetal wirkende Kraft von der Peripherie her wieder bis zum Punkt zusammenzuschrumpfen. Sie geht dann durch den Nullpunkt, das unendlich Kleine, um den Prozeß von neuern zu beginnen. Ein ewiges» Stirb und Werde«, ein Atemprozeß, der dem Wesen der Zahl Eins entspricht, ohne schon eine» irdische Aktion« zu sehen. Diese entsteht erst durch die Heraussonderung der Zwei. Die Pythagoreer nannten die ZWEI den »Streit «, die »Verwegenheit «, denn durch sie entsteht »Aktion«, die sich in Polarität, Opposition, Dissonanz, Hintereinander-Nacheinander etc. zeigt, aber auch in Zweisamkeit, Konsonanz, Nebeneinander etc. (Mann-Weib, Gut-Böse, These-Antithese, Partnerschaft, Ehe usw.

Die Hektik unserer Zeit hat auch in die Musik eine gewisse Atemlosigkeit und Hast hineingetragen. Komponisten erreichen harmonische Wirkungen mit ihren Partituren, sofern diese von einfühlsamen Musikern und Sängern interpretiert werden. Dabei ist Musik naturwissenschaftlich gesehen nichts anderes als ein Ineinander von Schallwellen unterschiedlicher Frequenz und Stärke, somit ein rein physikalisches Phänomen. Und dennoch ist in sie unsichtbar und unerklärlich Liebe und Haß, Glück und Traurigkeit, Sinn und Abgründigkeit,

Hoffnung und Verzweiflung eingewoben und rührt die Herzen der Hörer.

Heilige Geometrie

Zur heiligen Geometrie gehören: der „Der Goldene Schnitt" mit dem Verhältnis: major:minor wie das Ganze zum major, 1:1,618 mit Phi 3,14 für den Kreis, der die göttliche Einheit darstellt; die Eulersche Zahl 2,71 nach

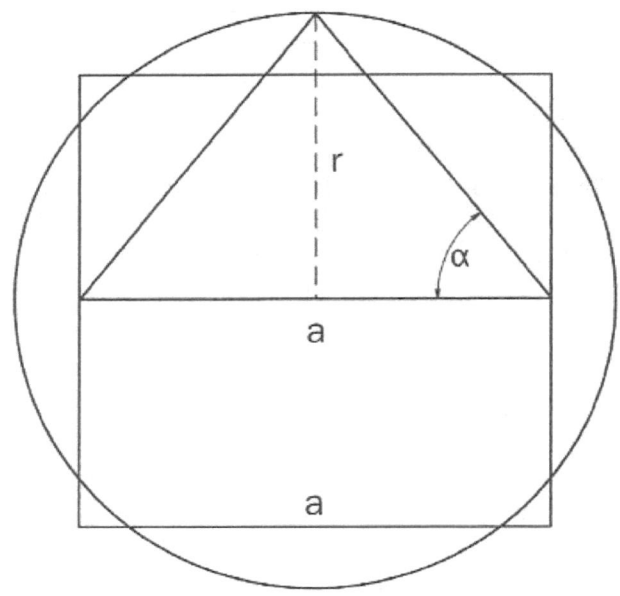

Quadratura Circuli

der die Natur aufgebaut ist; der Quadratura Circuli mit dem Winkel 51,8540°=51°51'14" Steigungswinkel der Pyramiden und des Bienensiebensterns die Fibonacci Reihe 1+1=2, 2+1=3, 3+2=5 und so fort.

Die Offenbarung Gottes in der Zahl zur Harmonieweisheit.

„Die unsichtbare Achse des Göttlichen, die geistige Irminsul, (Sakral Symbol unserer Mütter und Väter der Germanen) steht senkrecht, das Stoffliche aber ist eine Abweichung vom Geistigen, vom Senkrechten. Ein durchaus ähnliches Bild ergibt sich, wenn wir uns das Weltall als einen Kreis denken. Würden wir die Erdachse einzeichnen, so wiche sie von einer Senkrechten, durch den Kreis gelegt, um 23° ab. Das ist aber der vierte Teil eines Kreisviertels nach nebenstehender Figur. Durch die Zeitsenkrechte im Kreise gewinnen 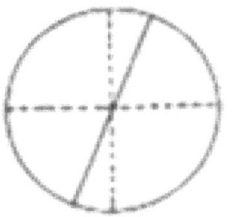 wir ein Vor und ein Nach, Vergangenheit und Zukunft, ein Positives und ein Negatives, durch die Raumwaagerechte im Kreise ein Oben und eine Unten. In diesem Abweichungsverhältnis liegt nun verborgen das mathematische Wunder vom goldenen Schnitt, in dem ein kleinerer Teil zum größeren Teil sich verhält wie der Größere zu beiden zusammen. Da aber das Verhältnis des goldenen Schnittes ein Ergebnis der irdischen Abweichung ist von der mathematisch-göttlichen Geraden, Senkrechten, so bestätigt es die Unhaltbarkeit alles Irdischen, Stofflichen als eines Zustandes, der wieder nach seiner Auflösung verlangt im Geistigen, in Gott, denn wir entdecken in dieser furchtbaren Gewißheit irdischer Abweichung von der geistigen Wirklichkeit, der Senkrechten, die entsetzliche Bedeutung einer solchen falschen, ungleichen Harmonie, die eigentlich 4:4 sein müßte und im Göttlichen tatsächlich 4:4 oder absolut ist. Stünde die Weltachse, bildlich gesprochen, senkrecht, so wäre wohl alle Erscheinung aufgehoben, nichts wäre möglich, nichts Erschaffenes vorhanden.

Platons Einheit und Vielheit

Platon war ein Schüler des Sokrates in Athen und vertiefte sich in das Studium zeitloser Wahrheit. Nach seiner Meinung gibt es eine Beziehung zwischen der Mannigfaltigkeit des Lebens, das um uns herum summt und brummt, und der Einheit des ganzen Universums, das diese Vielheit erhält." Platon behauptete, das höchste Studium überhaupt sei das Studium der Harmonien in der Musik und der Verhältnisse in der Geometrie, denn diesen entsprächen auch die Grundmuster innerhalb der Menschheit. Er lehrte, ohne die Ausgewogenheit des Ganzen, können sich weder Werke der Kunst noch das Leben selbst auf eine dauerhafte und gesunde Art erhalten.

Gedanken zur Musik

Wir halten die klassische Musik für den Inbegriff unserer Kultur, weil sie ihre deutlichste Äußerung ist. Wir besitzen in dieser Musik das Erbe der Antike und des Christentums, einen Geist heiterer und tapferer Frömmigkeit, eine unübertreffliche ritterliche Moral. Zwischen 1500 und 1800 ist mancherlei Musik gemacht worden, Stile und Ausdrucksmittel waren höchst verschieden, aber der Geist ist überall derselbe. Immer ist die menschliche Haltung, deren Ausdruck die klassische Musik ist, dieselbe. Immer beruht sie auf derselben Art von Lebenserkenntnis und strebt nach derselben Erhabenheit über den Zufall. Ob das nun die Grazie eines Menuetts von Händel ist oder die zärtliche Sinnlichkeit wie bei vielen Italienern oder bei Mozart, oder die stille gefaßte Sterbensbereitschaft wie bei Bach. Es ist immer ein Trotzdem, ein Todesmut, und ein Klang von übermenschlichem Lachen darin, von unsterblicher Heiterkeit. So soll es auch in unserem ganzen Leben, Tun und Leiden klingen (Josef Knecht).

Bedeutung der Notation

Nur in der abendländischen Musik hat sich ein Notenschriftsystem entwickelt, das die eindeutige Abbildung von Tonhöhe, Ton Länge, Rhythmus und Mehrstimmigkeit ermöglicht. Damit wurde Gleichheit zwischen Notenschrift und gespielter Musik hergestellt. Temperatur (Stimmung) ist auch ein Anliegen anderer Musikkulturen, aber ihre mathematische Durchdringung

half in der abendländischen Musik, mit der komplexer werdenden Mehrstimmigkeit fertig zu werden, während sie sich z. B. in China und Indien auf Melodieinstrumente bezog. Zur wohlklingenden Mehrstimmigkeit und zu der einfachen ästhetisch ansprechenden Melodik tritt noch ein weiteres wichtiges Merkmal: die Akkorde erhalten eine syntaktische Funktion in der Musik, die ihren Verlauf durch Spannung und Lösung dramatisieren. Die Attraktivität und emotionale Wirkung abendländischer Musik hat wesentlich mit dieser neuen „Sprache" der Musik zu tun. Was macht eigentlich unsere Musik zur Musik? Es sind nicht die Töne nach der Tonleiter, sondern das, was zusätzlich als Zugabe mitschwingt, denn wenn wir eine Saite auf der Geige streichen, tönt nicht nur die angeregte Hälfte, sondern auch die anderen tönen mit. Hier vernehmen wir die Obertöne, die vornehmlich, unsere Musik, ihre Erhabenheit, Harmonie und Schönheit ausmachen. In dem Bild von Leonardo da Vinci "Mona Lisa", ist dieses Ungenaue, dieses nicht ganz Klare, deutlich hervorgehoben. Wir nennen es "sfumato" die Übergänge verschwimmen lassen. Erst dann kommt wirkliche Malerei, Musik oder wirkliches Leben zum Zuge.
Musik ist im Wesen des Universums. Musik ist nicht nur das eigentliche große Objekt des Lebens, sie ist dieses Leben selbst".

Betrachtungen über die Musik und Kunst

Harmonische Musik ist die Darbietung der Tonfolgen nach göttlichen immerwährenden Gesetzen. Da, wo diese immerwährenden Wahrheiten von Harmonie und Einheit durchbrochen werden, hört die harmonische Musik auf. Sie wird dann künstlich, atonal, naturfern, schädlich, teuflisch, destruktiv. Unsere Moderne ist, wie es die „Frankfurter Schule" mit dem Sozialpsychologen Max Horkheimer vorgegeben hat, „destruktiv, zerstörend. Die moderne Kunst ist künstlich von oben gemacht. Wenn ich mir eine Komposition von Bach oder Mozart anhöre, dann erlebe ich Freude, Hochgefühl, Ruhe, Natur, eigentlich das, was ich in unserem hektischen Leben heute brauche, um abzuschalten, um ruhig zu werden, um Mensch zu sein.

Wenn ich den großen russischen Maler Kandinsky als Führer der Moderne ansehe, dann kann ich den Zeitpunkt „Alte Kunst-Moderne Kunst", gut erkennen. gemalt um auszuruhen, um sich zu erfreuen, und ab 1905 (Erste russische Revolution) wird es abstrakt, da wird es zerrissen, gereizt, wird es bewußt zum Grübeln, zum Nachdenken, zum Aufputschen. Kandinsky, Franz Marc, Cézanne, Klee gehörten damals zum Kreis der „Blauen Reiter".

Alle Künstler - haben eine machtvolle, heilige Sprache zu verwalten. Sie müssen alles tun, daß sie nicht verlorengeht im Sog der materialistischen Entwicklung. Es ist nicht mehr viel Zeit, wenn es nicht gar schon zu spät ist, denn die Beschränkung auf das Denken und die Sprache der Vernunft, der Logik, und die Faszination durch die damit erzielten Fortschritte in Wissenschaft und Zivilisation entfernen uns immer weiter von unserem eigentlichen Menschentum. Es ist wohl kein Zufall, daß diese Entfernung mit einer Austrocknung des Religiösen Hand in Hand geht: die Technokratie, der Materialismus und das Wohlstandsdenken brauchen keine Religion, kennen keine Religion, ja nicht einmal eine Moral. Die Kunst ist eben keine hübsche Zuwaage - sie ist die Nabelschnur, die uns mit dem Göttlichen verbindet, sie garantiert unser Mensch-Sein; aber nur, solange sie im Zentrum unseres Lebens steht. Wesentlich ist es, die «Sprache des Herzens», die andere, alogische, phantastische Denkweise, zu pflegen - Kunst wieder ganz zentral in die Erziehungsprogramme, in die Lehrpläne aufzunehmen, wo sie jahrhundertelang ihren Raum innehatte; und nicht sie als erstes zu streichen, wann immer Raum gesucht wird für im Grunde nebensächliche Information. Wir entwickeln uns jetzt wohl rasant zu dem schlimmen, herzlosen Raubtier, das wir ohne Gottes Liebeshauch wären."

Warum gefällt harmonische Musik

Harmonikale Musik hören oder selbst spielen ist ein Lebenselixier, ein Ohrenschmaus. Ob Pflanze, Tier oder Mensch brauchen dieses Elixier, um grösser, stärker und weiser auf dieser Welt zu werden. Die großen Mathematiker, Physiker und Philosophen unserer Vorzeit wie Phytagoras, Platon, Thales, Fibonacci, Descartes, Kepler, Kayser oder Haase haben die göttlichen Strukturen herausgefunden, den Goldenen Schnitt, die Fibonacci Reihe, die Primzahlen, den quadratura circuli, die Eulerschen Zahl e und viele weitere, die unsere Welt zusammenhalten. Die Welt ist Klang. Alle Harmonikalen

Musiken sind nach den göttlichen Gesetzen aufgebaut. Seit Äonen von Jahren haben wir diese Gesetze in uns, über uns, neben uns eingesogen, programmiert und gespeichert. Musikalische und mathematische Beispiele zeigen ganz deutlich, wie Leben und göttliche Harmonie zusammenhängen. Jeder, der sein Unterscheidungsvermögen, sein Abschätzen, sein Abwägen geschult und geübt hat, merkt sofort, wem ein Göttliches innewohnt und wo es künstlich, abstrakt, verführerisch oder teuflisch wird. Darum ist es eine Lebensaufgabe, die Harmonien der Musik und Mathematik zu studieren, zu praktizieren, um ein waches, erstrebenswertes und erfülltes Dasein zu fristen und Mutter Erde nicht auszubeuten und zu zerstören, sondern in jeder Hinsicht zu schützen und zu fördern. Im Anhang sind Lieder und ausgesuchte Musikstücke aufgeführt.

Ohne Arzt und ohne Pillen

Unsere humane Medizin ist momentan auf einem sehr hohen Stand. Wer würde ohne sie noch so gesund und munter seiner Wege ziehen. Wir können alle von Glück sagen das Heiler (Ärzte) und Gesundwerde Häuser (Krankenhäuser) fast jedes Weh, Wehchen behandeln können. Was sie aber nicht tuen ist der jeweiligen Ursache auf den Grund zu gehen um diesen zu behandeln. Wir werden im Gesundwerde Haus wie ein Auto in der Werkstatt repariert. Wir können danach wie das Auto auch wieder laufen. Wenn wir dann aber nach Hause in die gleiche Umgebung zurückkommen und die Ursache der Beschwerden nicht behoben ist, fängt alles von neuem an. Darum erhalten wir vom Arzt das Rezept womit wir die Pillen in der Apotheke besorgen die uns den wieder auftretenden Schmerz erträglich erscheinen lassen. Am besten ist es nur im Notfall hingehen und dann auch nur das behandeln lassen was unbedingt notwendig ist. Das Rezept das man verschrieben bekommt auf Tauglichkeit testen und nur wenn das Mittel gut für mich ist, es in der Apotheke kaufen.

Mit den eigenen Gedanken heilen. Zum Beispiel: Das rechte Auge schließen, mit dem linken Auge in einen Spiegel schauen, dabei darf das rechte Auge nicht im Spiegel gesehen werden. Nun Gedanken auf die zu behandelnde Stelle richten und fest denken es ist alles in der göttlichen Ordnung. Bei Schlaganfällen und danach einseitiger zum Beispiel rechter Lähmung hilft diese Gedankenheilung sofort.

Als Vorsorge ist es viel besser die Kräuter die vor der Haustür wachsen zu sammeln und als Tee, Umschläge oder direkt als Zugabe zu Salat, Suppe oder anderen Speisen zu verwenden. Heimischen Honig und Propolis der Bienen als natürliche keimtötende Mittel verwenden. Keine Streß- oder Angstsituationen aufkommen lassen, darum die Flimmerkiste, Radio und Zeitung entsorgen da sie nur Haß, Angst oder niedere Gedanken schüren. Zur Körperpflege keine Seife oder Zahnpasta verwenden da sich hier viel Negatives drin befindet, wie tierische Fette von den Abdeckereien, Fluor, Chlor und viele andere. Besser ist eine scharfe Bürste für den Körper und eine Munddusche. Auch gute Musik hören hilft der Gesundheit ungemein.

Seit dem Jahre 2012 sind alle krankmachenden Wirkungen von Wasseradern und Gitternetzbahnen durch die Energien der Honigbienen-Siebensterne weltweit beseitigt. Dafür bestehen aber immer noch die oft sehr starken Einflüsse der negativen Neider. Jeder Gedanke wenn er stark genug gedacht wird hat eine enorme Wirkung. Da man das aber nicht sieht glaubt es niemand bis er es durch eine plötzlich auftretende Beschwerde am eigenen Körper oder Geist merkt. Hier hilft nur der sehr wache Geist um diese von außen auf uns gerichtetem negativem Einfluß mental zu erspüren und dann auch zu beseitigen. Hierzu gehören alle Beschwerden deren Ursachen die Wissenschaften noch nicht ergründen konnten. Wie: Krebs, Multiples Sklerose, Senilität, spröde Knochen die bei jedem leichten Stoß brechen, viele Alterskrankheiten, da die Alten mehr Neider haben und sich nicht so gut wehren können wie das Jungvolk.

Hippokrates (460 bis 370 vor Chr.) hat dies schon 400 Jahre vor Christus gelehrt. Die Hippokratiker betrieben keine diagnostische Medizin, sondern eine prognostisch orientierte Heilkunde, die vor allem auf der korrekten Deutung körperlicher Zeichen (Semiotik) basierte.

Die **Homöopathie** ‚gleich, gleichartig, ähnlich ist eine alternativmedizinische Behandlungsmethode, die auf den ab 1796 veröffentlichten Vorstellungen des deutschen Arztes Samuel Hahnemann (1755 bis 1843) beruht. Ihre namensgebende und wichtigste Grundannahme ist das von Hahnemann formulierte Ähnlichkeitsprinzip: „Ähnliches möge durch Ähnliches geheilt werden" Zur Herstellung der homöopathischen Arzneimittel werden die Grundsubstanzen einer Potenzierung (Verdünnung) unterzogen, das heißt, sie werden wiederholt (meist im Verhältnis 1:10 oder 1:100) mit Wasser oder Ethanol verschüttet Hahnemann nahm an, dass durch das besondere Verfahren der Potenzierung oder „Dynamisierung" eine „im inneren Wesen der Arzneien verborgene, geistartige Kraft" wirksam werde.

Germanische **Neue Medizin** GNM Dr. med. R. Geerd Hamer, geb.1935
Die Schulmedizin befasst sich mit Symptomen, die GNM kennt die Ursachen einer jeden sog. Krankheit, die gleich die Therapie mit einschließt! Der Auslöser einer jeden sog. Krankheit ist immer ein Biologischer Konflikt, ein dramatisches Erlebnis.

Die **Bach-Blütentherapie** ist ein in den 1930er Jahren von dem britischen Arzt Edward Bach (1886–1936) begründetes und nach ihm benanntes alternativmedizinisches Verfahren. Laut Bachs zentraler These beruhe jede körperliche Krankheit auf einer seelischen Gleichgewichtsstörung. Die Ursache dieser Störung sah er in einem Konflikt zwischen der unsterblichen Seele und der Persönlichkeit, und eine Heilung könne nur durch eine Harmonisierung auf dieser geistig-seelischen Ebene bewirkt werden.

Das Berufsbild des **Heilpraktikers** umfaßt die allgemeine Heilkundeausübung und wird durch die Berufsbezeichnung „Heilpraktiker" ausgedrückt. Vom Arzt oder Psychotherapeuten unterscheidet ihn, daß keine akademische Ausbildung vorgeschrieben ist. Seine Befugnisse sind durch Gesetze und Verordnungen gegenüber denen des Arztes eingeschränkt. So ist es nicht möglich, verschreibungspflichtige Medikamente zu verordnen oder Geburtshilfe zu betreiben oder gemäß Infektionsschutzgesetz bestimmte Infektionskrankheiten zu behandeln. Heilpraktikern ist ohne Einschränkungen die Ausübung der Psychotherapie und Physiotherapie gestattet, jedoch nicht unter der geschützten Bezeichnung *Psychotherapeut.*

Heilpraktiker mit Vollzulassung dürfen körperliche und seelische Leiden feststellen und eine
eigene Therapie auch mit körperlichen Behandlungen durchführen. Sie wenden für Diagnose und Therapie häufig Methoden der Naturheilkunde oder der Alternativmedizin an. Häufig führen Heilpraktiker mit Vollzulassung Zusatzbezeichnungen wie: Phytotherapie, Homöopathie, Aromatherapie, Chiropraktik und Osteopathie, Physiotherapie, Traditionelle Chinesische Medizin (TCM) z. B. Akupunktur, Kinesiologie, Bioenergetik, Atemtherapie, Blutegelbehandlung.

Das Heilprinzip von Pastor Sebastian Kneipp (1821 bis 18979)
Die Wirkung der Kneippschen Wasseranwendungen beruht auf der Stärkung der Selbstheilungskräfte des Körpers durch milde bis kräftige Reize. Die vom Wasser ausgehenden kalt-warmen Temperatureinflüsse regen den Blutkreislauf an und fördern dadurch den Stoffwechsel und die Entschlackung des Körpers.

Felke Gymnastik. **Erdmann Leopold Stephanus Emanuel Felke** (* 7. Februar 1856 in Kläden bei Stendal; † 16. August 1926 in München) war ein evangelischer Pastor, der als Verfechter der

Naturheilkunde hervortrat. Er lebte und arbeitete von 1896 bis 1914 in Repelen bei Moers und von 1915 bis 1925 in Bad Sobernheim, entwickelte die nach ihm benannte Felkekur und wandte die Irisdiagnostik (Iridologie) an. Felke gilt auch als Vater der Komplex-Homöopathie.

Der Wiener Physiker **Erich Körbler** (1938 bis 1994) heilt mit Symbolen. Auch „die neue Homöopathie" genannt. Seine verwendeten Symbole ähneln sehr den altgermanischen Runen. Er verwendet Symbole des Runen Alphabetes Futhark. Mit den daraus entnommenen Symbolen wie dem Sinus Zeichen S, dem Y, dem + oder den acht Strichen IIIIII werden Schmerzen gelindert, Krankheiten geheilt und Allergien aufgelöst. Die Schwingungen der dieser Symbole können auf Wasser übertragen werden und heilen dann wie eine Medizin nachdem man das Wasser getrunken hat.

Naturkundliches

Die Natur ist vom Schöpfer gemacht. Wir erfühlen sie durch ein waches Auge, die Intuition das Bauchgefühl oder durch biophysikalische Meßmittel. Der Verstand kann nur künstliche Dinge (Maschinen, moderne Kunst) hervorbringen.

„Laß' mich nicht bitten
um den Schutz vor Gefahren,
sondern um den Mut,
ihnen die Stirn zu bieten.
Laß' mich nicht bitten
um die Stillung meines Schmerzes,
sondern um die Herzenskraft,
ihn zu bezwingen.
Laß' mich nicht ausschauen
nach Verbündeten
auf dem Schlachtfeld des Lebens,
sondern nach meiner eigenen Stärke.
Laß' mich nicht in zitternder Furcht
nach Erlösung lechzen,
sondern durch Geduld
meine Freiheit gewinnen."

Rabindranach Tagore

Pflanzen, unsere Verbündeten

Grundsätzlich sind die in der Natur zum rechten Zeitpunkt selbst geernteten Pflanzen immer die Besten für Geist, Seele und Körper.

Die Pflanzen die jemand für seine eigene Gesundheit benötigt, wachsen immer vor seiner Haustür. Man braucht also nicht weit zu laufen. Die Pflanzen wissen was wir brauchen.

Heilpflanzen zu denen man eine ganz besondere Beziehung hat nennen die Indianer „ Verbündete aus dem grünen Volk „

Mit etwa neun Kräutern, „Ach Du Grüne Neune" zu denen man eine enge Verbindung hat kann man praktisch alle Krankheiten heilen.

Praktische Hilfen

Oft ist es Aberglaube oder Angst die alten Weisheiten unserer Vorväter noch zu achten. Wir sind doch moderne Menschen und gehen mit der Zeit. Wer heute noch dem Alten anhängt ist verkalkt oder Esoteriker. Stimmt das denn wirklich? Waren die Alten denn so dumm? Ist die Natur, unser Schöpfer denn wirklich so aus der Mode? ER ist doch da, wir können IHN nur nicht sehen. Aber seine Wirkungen die Natur, sehen wir den ganzen Tag, wenn wir uns draußen umschauen.

Vormittags nimmt die Erde und gibt die Sonne Energie Nachmittags gibt die Erde und nimmt die Sonne sie.

Vor **Sonnenaufgang** höchste Sonnenenergiestrahlung, alle Vögel schweigen.

Bäume, unsere Energiespender

Welche Erhabenheit über uns kleinen armseligen Menschen haben große selbst versahmte Eichen, Buchen oder Eschen. Wie oft lächeln wir über sie. Eben die Motorsäge her und schon liegt er am Boden. Welche Kraft und Erfahrung so ein 1000 jähriger Baum hat wird uns erst richtig klar wenn wir in seiner Nähe sind. Dann spüren wir, falls wir dazu überhaupt noch in der Lage sind, den Geist und die Energie eines solchen Riesen.

Wirkung der Bäume
im Sommer   ->   körperlich
im Winter   ->   seelisch

Bei zunehmendem Mond bis Vollmond ist die Wirkung der Bäume beim Menschen oberhalb des Sonnengeflechtes am stärksten.
Bei abnehmendem Mond geht die Energie der Bäume in die untere Körperhälfte.
Zwei Tage vor und nach Vollmond geht die Hauptenergie von der oberen Baumhälfte aus.

Die Baumkrone   -> wirkt auf die Gehirntätigkeit
Der Baumstamm   -> wirkt körperlich
Die Baumwurzel   -> wirkt auf das Unterbewußtsein, vor
                          allem abends.

Bei Regen oder Knospenbildung der Bäume ist es nicht ratsam, zu ihnen zu gehen.

Wenn ich mit einem Baum einen Kontakt eröffne, so begrüße ich den Baum:
'Ichbewußt öffne ich mich für die feinstofflichen Welten', 'Heil euch Asen, Baum ich grüße dich, gebt rechte Kunde uns und Verstand, gebt uns lebenslang heilende Hände.

Und löse mich von dir und von diesem Ort und seinen Wesen im Frieden.

Ichbewußt schließe ich die Tore zu den seelischen tiefen Reichen.

Bovis-Lebensenergie-Skala

Diese Skala entwarf der französische Physiker Bovis. Mit ihr wird die „Reizstärke,, (Intensität) von Energien ausgedrückt. Es ist eine lineare oder auch logarithmische Skala, deren Einheiten, er mit „Bio-Angström,, bezeichnete. Heute nennt man sie nach ihm: Bovis-Skala..

Für den Tod setzte Bovis den Wert 0. Dies wohl deshalb, weil von einem Toten keine **Lebensenergie** mehr abstrahlt. Für ein gesundes Neugeborenes wählte er den Wert 6500. Nach oben ist die Skala offen. Das Wasser der heiligen Quelle von Lourdes (in Südfrankreich) hat z.b. den Wert 11000 BE. Eine heilige (Ley) Linie strahlt mit 40000 bis 80000 BE Bovis-Einheiten. Was unterhalb des Neutralwertes 6500 liegt, baut Energie ab, wie leider fast alle Erdstrahlen. Was drüber liegt ist positiv und baut Energie auf, z.B. heilige Linien, Pluspolpunkte,

Wachstumslinien. Reicht die Skala nicht, so fängt man wieder von vorn an und addiert.

Liegt der Wert eines Platzes unter 3000 Bovis, so spricht man von einer Krebsstelle, d.h. er ist auf Dauer – krebserzeugend.

Diese Bovis-Skala sollte nur von mental begabten Menschen, direkt in Verbindung mit dem Muskeltest, Rute, Pendel, oder mental verwendet werden. **Es handelt sich also hierbei nicht um physikalisch meßbare Werte.**

Nun könnte jemand auf die Idee kommen, alle Plätze, die im Wert unter 6500 liegen, seien schlecht. Dem ist nicht so. Genauso sind nicht alle Plätze gut, die darüber liegen. Warum das so ist, liegt eigentlich klar auf der Hand. Sind Sie total „kaputt‚‚ dann brauchen Sie einen sehr positiven Platz (z.B. Pluspolpunkt den G-Punkt), um sich wieder aufzuladen. Sind Sie aber „auf 180‚‚ d.h. „überdreht‚‚ dann benötigen Sie einen negativen Punkt (z.B. Minuspolpunkt) zum Abladen.

Für größere Bovis Einheiten läßt sich die Scala auch als logarithmische Skala verwenden wie der frühere Rechenschieber eine hatte.

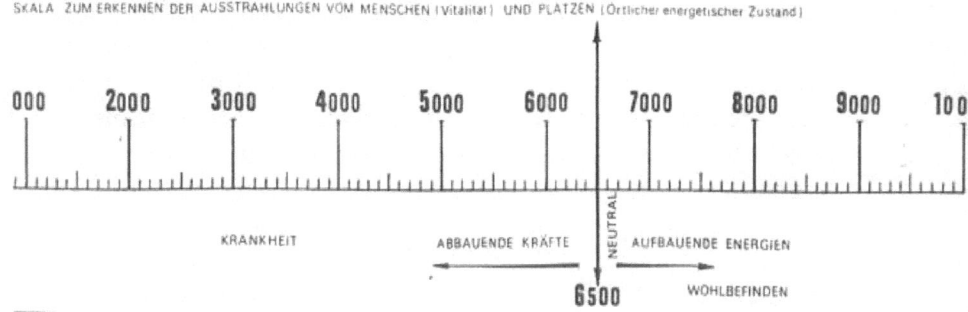

BIOMETER nach A. BOVIS, (Physiker)

ergänzt von SIMONETON, ing. E.B.P.

SKALA ZUM ERKENNEN DER AUSSTRAHLUNGEN VOM MENSCHEN (Vitalität) UND PLATZEN (Örtlicher energetischer Zustand)

000   2000   3000   4000   5000   6000   7000   8000   9000   1000

KRANKHEIT   ABBAUENDE KRÄFTE   NEUTRAL   AUFBAUENDE ENERGIEN

6500   WOHLBEFINDEN

Polverschiebung

Es ist anzunehmen, das ein direkter Zusammenhang zwischen dem mehr oder weniger erweiterten Bewußtsein der Erdenmenschen und dem jeweiligen Grad der **Polverschiebung** besteht. Der menschliche und der polare Wandel bedingen sich. Es findet eine Verschiebung bis 38 ° Ost auf der Geistebene statt. Dies kann jeder der die höhere Geistebene erreicht hat selbst muten mit der Frage: *Wo ist heute für mich Norden? Er stellt fest, das für ihn Norden bis zu 38 ° nach Osten abweicht.*

70

Ist die Erde hohl

Oberst Byrd fliegt, wie damals üblich, mit einem Propellerflugzeug, einem Doppeldecker, zusammen mit seinem Bordfunker gen Norden. Bis zum 83. Breitengrad verläuft alles normal. Dann spielen die Geräte des Flugzeuges „verrückt„, eine Tatsache, die schon damals bekannt war. Dann die erste seltsame Entdeckung: Er sieht unter sich einen Fluß, ein grünes Tal, Bäume und unglaublich – ein Mammut. Er geht von 880 m auf 305 m herunter. Wirklich ein Mammut! Jetzt bemerkt er rechts und links von sich zwei schnell näherkommende Flugscheiben. Er wird in einem akzentfreien Englisch mit seinem Namen angeredet. Die Flugobjekte übernehmen dann die Führung – sein Flugmotor läuft nicht mehr – und landen Byrds Flugzeug schließlich senkrecht ganz weich in der Nähe einer großen, schimmernden Stadt. Sie steigen um in ein kleines Verkehrsmittel ohne Räder und schweben mit großer Geschwindigkeit zu der Stadt.

In einem großen Gebäude erhalten sie einen kleinen Imbiß. Dann wird Byrd, in einem lichtdurchfluteten Raum von einem ca. 4,50 m großen Mann empfangen, dem „Meister„, wie er angeredet wird. Dieser macht ihm klar, daß er im Reich der Arianni im Innern der Erde sei. Diese Aufnahme des Südpols der Erde wurde vom Environmental Rersearch Institute of Michigan/USA gemacht. Sie zeigt die Erdöffnung und in der Mitte des „Loches„ die hellen Strahlen der innerirdischen

Zentralsonne. Das Bild erschien in „Das Greenpeace-Buch der Antarktis von John May.

Folgende Zeichnung zeigt den Querschnitt der Erde. Das Gravitationszentrum ist in der Mitte der 575 km breiten Erdkruste. Außerhalb des 250 km breiten Luftspaltes kann man die Zentralsonne sehen. Nordlichter spiegeln die Zentralsonne aus der Mitte der Erde.

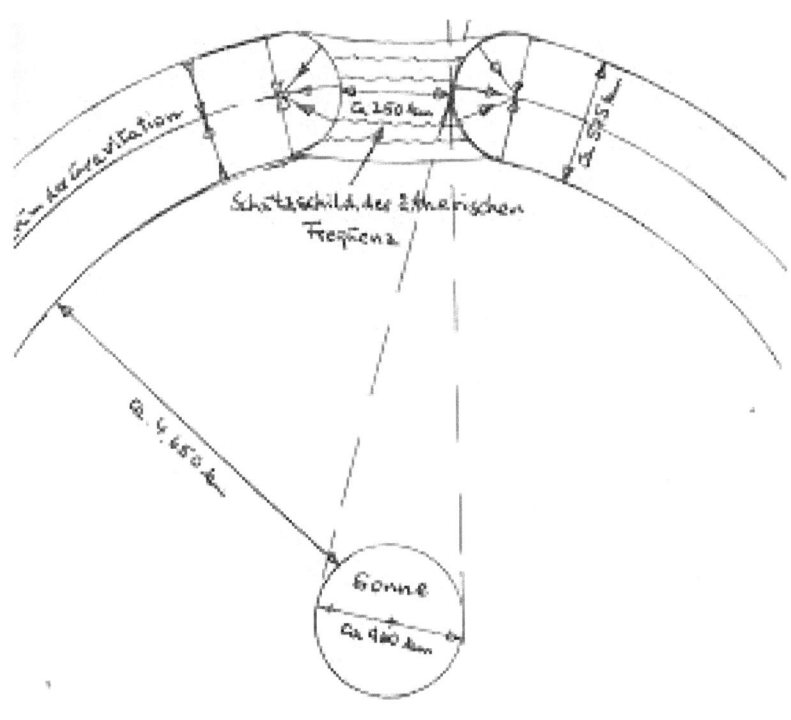

73

Sehnsucht nach Liebe

Große Leistungen können nur in Zusammenarbeit mit Gott-Vater erreicht werden. Also bemühen wir uns, nur das zu tun, was im Sinne des Vaters ist, der ja aus Liebe besteht. Dann wird uns auch sein Segen begleiten.

Kreuze

Gut und Positiv sind Kreuze mit gleichlangen Schenkeln, wie sie die Kelten und nordischen Völker hatten. Diese, wie auch das Radkreuz, wurden bereits in der Steinzeit verwendet.

So unglaublich es Ihnen vorkommen mag, aber ein ungleichschenkeliges (römisches) Kreuz ohne Christuskreuz wirkt negativ (negative Abstrahlung). Je größer die Asymmetrie, desto negativer die Wirkung.

Will man die Negativität steigern, so läßt man den oberen Schenkel weg und bekommt ein großes „T„. Je größer ein Symbol (jedes) ist und je höher es steht, desto stärker und weiter strahlt d.h. wirkt es! Die Kirchen, die aus diesem Grunde ihre Kreuze auf hohe Türme und Bergspitzen setzten, bekommen nun lebhafte Konkurrenz von der Telekom und Konsorten.

Entwicklungsgeschichtlich baute man Fenster im Laufe der Jahrhunderte mit Kreuzen. (Das Fensterkreuz). Heute kennen wir nur noch große kreuzlose Fenster. Wie sieht denn z.B. Ihr Fenster aus? Haben Sie ein Kreuz oder ein T im Fenster? Daran denkt bestimmt auch kein Architekt. Früher sagte man im alten China:

Überragende Ärzte verhindern Krankheiten, mittelmäßige heilen noch nicht ausgebrochene Krankheiten
und unbedeutende Ärzte behandeln bereits bestehende Krankheiten.

Biophysikalische Meßmittel

Das mentale Messen ist eine natürliche Anlage und immer eine sehr nützliche Tätigkeit die die unsere Vorfahren sowie auch jeder Mensch heute wieder ausführen kann. Bis Mitte 1800 wurden diese Wissenden von der Kirche auf den Scheiterhaufen gebracht und wurden als Heiden und Ketzer verurteilt.
Worauf beruht diese mentale Tatsache?
Wir haben die materielle Ebene die wir sehen und anfassen können. Weiterhin die geistige Ebene die wir nicht sehen aber erfühlen.
Hier wirken verschiedene unsichtbare Strahlenkräfte, die die Muskeln bei der Kinesiologie (Muskeltest) oder die Meßmittel beeinflussen. Diese sind es, welche die verschiedenen Schwingungsformen hervorrufen.

Dabei unterscheidet man hauptsächlich zwischen physischen und biologischen, psychischen Strahlkräften. Die physischen Ausstrahlungen gehen von jeder Materie aus. Wie eine brennende Kerze oder elektrische Birne ständig Strahlen aussendet, also Lichtstrahlen, so senden die Körper aller Lebewesen ununterbrochen biologische, physische Strahlen aus.

Außerdem strahlt die Denkkraft des menschlichen Gehirns Gedankenwellen aus. Diese mentalen Kräfte sind so stark, daß man sie sogar mit physikalischen Apparaten messen kann. Dabei sind diese Strahlungen der Denkkraft kräftiger als alle anderen. Denke man nur an die mentale Strahlungskraft des Hypnotiseurs, an die hypnotischen Strahlkräfte der Schlange, mit der sie die Beutetiere lähmt!

Die Autosuggestion ist auch eine solche mentale Strahlkraft. Der Zweifel ist in diesem Falle eine Art Autosuggestion. Wird also eine Messung vorgenommen und man hegt in sich Zweifel, ob das Ergebnis richtig wird, dann kann es sein, daß gar nichts passiert.

Man darf nichts wünschen, nichts erhoffen, nichts befürchten oder erwarten, sondern man soll ganz neugierig abwarten und fragen: was geschieht jetzt?

Runen

Buchstaben, Symbole, Zeichen aus grauer Vorzeit.

Die Sprache ist der Spiegel einer Volksseele. Die Sprache spielt für ein Volk und seine Menschen eine sehr große Rolle, da die geistige Entwicklung eines Volkes mit seiner Sprachentwicklung einher geht. Daher müssen wir es als Warnsignal für den kulturellen Zerfall betrachten, wenn wir unseren Sprachschatz nach Belieben verändern. Unseren Altvordern sind die Worte und ihre Bedeutung intuitiv gegeben. Aber wir verflachen unsere Sprache immer mehr, auch durch die Änderung der Rechtschreibung. Die Sprache ist nämlich eine Kunst, denn sie ist Trägerin von Schwingungen, von Frequenzen. Spreche ich z.B. das Wort „Haß", „Neid" oder nur das Wort „böse" aus, dann verliere ich Energie. – Man kann das kinesiologisch sehr einfach nachprüfen. – Und das dauernde Gerede: Ich habe Angst, ich bin depressiv usw., zieht den Menschen immer weiter in diese Krankheit hinein. Man soll eine Krankheit anerkennen, denn wir haben sie ja irgendwie verdient, und wir sollen ihr dann eine positive Affirmation entgegenstellen. Die Kraft des Wortes ist eine ganz fundamentale Macht! Derjenige, der immer Worte oder Gedanken der Liebe, der Dankbarkeit, des Lobes spricht oder denkt, muß ganz automatisch gesund bleiben oder werden, denn die Worte sind der Spiegel der Seele. So richtig erkennt man es erst bei dem Namen „Gott-Vater". Es ist daher wichtig, daß wir uns einer klaren, deutlichen Sprache bedienen und unsere Sprachkultur erhalten und erhöhen „**Rune**,, gehört zu „raunen", eine Wortverbindung, die auf die magische Verwendung der Schriftzeichen hinweist:

Neulich erzählte ich einer Religionslehrerin von den alten germanischen Schriftzeichen, den Runen! Sie war ganz erstaunt, denn sie hatte noch nie etwas davon gehört.

Runen sind Zeichen mit drei verschiedenen Funktionen. Einmal wurden sie als **Buchstaben** benutzt. Zweitens als **Begriff**sbedeutung wie Vieh oder Mensch verwendet. Drittens haben sie einen **Symbol**charakter in dem sie in Holz eingeritzt **Energien** aussenden. In den Türbalken eines Hauseinganges eingeritzt schützen sie jeden der das

Haus betritt. Der Ursprung der Runen ist das sechseckige **Wasser- oder Eiskristall** deren Form wir auch in der sechseckigen **Bienenwabe** wiederfinden. Diese Sechseckform ist das Wahlgatter aus dem alle 18 Runen geformt oder geboren sind. Daher sind sie nicht von Menschen erdacht, sondern aus der Natur vom Schöpfer geschaffen worden. Vieles deutet darauf hin, daß alle anderen Sprachen auch die Hieroglyphen oder chinesischen Schriften aus diesen Naturformen entstanden sind. Viele Fachwerkhäuser zeigen heute noch die von den Zimmerleuten und Handwerkern kunstvoll eingearbeiteten Balkenkonstruktionen als Runen. Auch lassen sich nach den Runenvorbildern Körperübungen ähnlich der „Steinerschen Eurythmie", zum Energieaufbau des Körpers, durchführen. Marby, Spiesberger und Neumann haben hierzu gute Vorbilder geschaffen. In früheren Zeiten wurden die Runen einem Kranken geistig zur Heilung gesandt. Das „Orakel Werfen" ähnlich dem chinesischen „I Ging" (48 Schafgarbenstengel) wird heute noch mit 18 Runenstäben praktiziert.

Eines der ältesten und energiereichsten Symbole ist das Atlantis oder Altaner Kreuz. Dieses Kreuz ähnelt sehr dem ägyptischen Ankh Kreuz bis auf die zwei langen Schenkel die dem Ankh Kreuz fehlen. Das Altaner Kreuz, zum Beispiel aus Bronze, hat eine plus, die immer nach oben zeigen sollte, und eine minus Seite. Männer fassen es an am Rund und Frauen an den langen Schenkeln an. Wenn man die Schenkel anschlägt kann man die ausströmenden Energieschwingungen wie bei einer Stimmgabel gut hören.

Das Altaner Kreuz

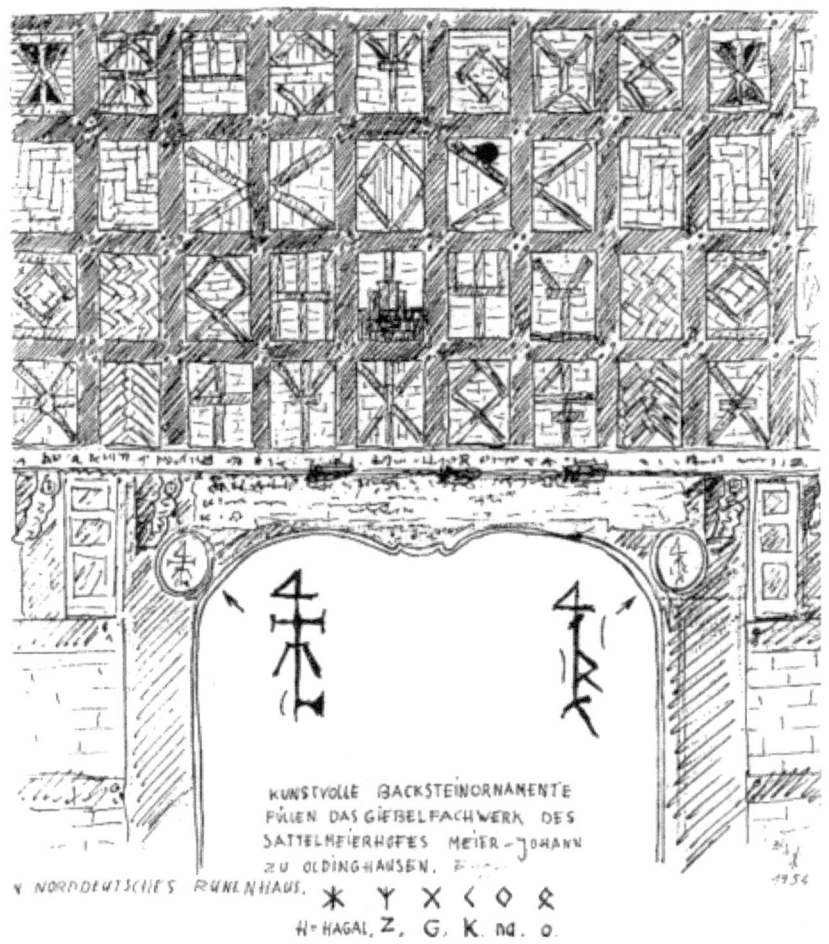

Norddeutsches Runenbauernhaus

Auch die „Edda" erwähnt die Übergabe der Runen an den Göttervater Odin.

Die frühesten geritzten Runeninschriften stammen erst aus dem Beginn des dritten nachchristlichen Jahrhundert, doch haben besonders die im Norden entdeckten Inschriften den Sprachtypus des Gemeingermanischen so bewahrt, daß sie uns auch einen Eindruck der Sprachmelodie vermitteln können.

Aus dieser ursprünglich in graue Vorzeiten zurückreichende Verwendung durch die Eiszeiten einem überaus harten Überlebenskampfe ausgesetzten Ureinwohner Nordeuropas verdichtete sich der Gebrauch zum Ausdruck von Begriffen und Botschaften. Die Runen wurden auf Buchenstäbchen eingeritzt – davon unserer abgeleiteter Begriff „Buchstabe. Mit Hilfe von 18 eben den Buchstaben, konnte das gesamte Wissen eines Menschen und schließlich der gesamten Menschheit ausgedrückt werden. Eine einzigartige Kulturleistung des nordischen bzw. atlantischen Menschen. Eigentlich verband sich damit die wahre Menschwerdung durch das Ereignis der begrifflichen Sprachwerdung – und wie wir wissen, spiegelt die Sprache des Menschen die Heimat seiner Seele.

Mit den Runen errang der Mensch erst seine Seele, er wurde Mensch. Verliert er seine Sprache, verliert er auch seine Seele.

Jede geschriebene oder materielle Form wie: Runen, Symbole oder nur Abbildungen erzeugen starke Formenenergien.

Erich Körbler verwendet zum Beispiel die Formenenergien der acht Striche IIIIIII(I), (alle neun Striche des Wahlgatters wäre der volle Kreis, göttliche Liebe, die inneren Striche einzeln dazugezählt, wären dann zusammen zwölf, entsprechend der nächst höheren Ebne), der Sig Rune mit dem Sinuszeichen? oder dem **S**, so auch die Man Rune **Y**, und + Runen zum Heilen erkrankter Körperteile, mit Erfolg in der **Neuen Homöopathie**.

→ kosmische Energie   Ω Energiewirb

Mit diesem Sinus **S** werden die kosmischen Energien, die von allen Seiten aus dem Kosmos einwirken, **gesammelt** und im

Energiewirbel wie bei einem Tornado Sturm oder Wasserstrudel konzentriert. Wenn man genau hinschaut, ist es eine stehende, offene **unendliche Acht**

Ein einfaches Symbol der Sieg-Rune reicht aus, um eine Schwellung eines Bienen- oder Schnakenstiches von vorn herein zu verhindern. Vor allem am Kopf oder an den Händen, wo wenig Muskelfleisch ist, werden die Schwellungen ja sonst bekanntlich sehr stark.

So einfach ist die Behandlung des Bienenstiches. Nur eine Sinus Kurve über den Einstich mit Kuli malen. Man kann auch ein großes S oder ein Fragezeichen ? malen. Es sollte nur etwa so aussehen wie auf der Skizze abgebildet.

Es hilft sofort und vor allem kostet es nichts. Die kostenlosen Hilfen sind ja oft die Besten. Nur es glaubt niemand dran, bis er es einmal selbst am eigenen Leibe ausprobiert hat. Also los. Beim nächsten Schnaken oder Bienenstich: Kuli zu Hand.

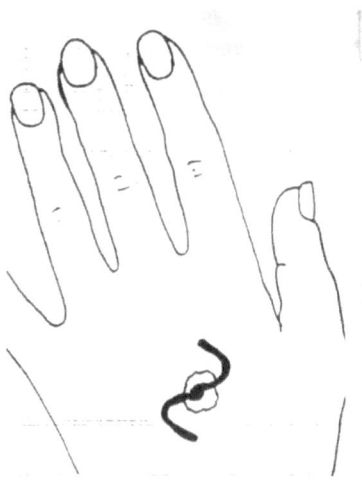

Die aufgemalte Sieg-Rune verteilt das Bienengift innerhalb von Sekunden hier z.B. auf die ganze Handfläche, so kann keine Schwellung auftreten.

Der 5000 Jahre im Eis gelegene Ötzi hatte ähnliche Symbole im Rücken eingeritzt. Es muß sich hierbei um eine sehr alte Heilmethode mit Symbolen handeln.

Die Formenenergie

Alle Körper die aus des Schöpfers Willen materialisiert sind wie unsere Erde, Steine, Pflanzen und Lebewesen haben eine DNS und damit ein vom Schöpfer mitgegebenes Energiefeld, die Aura oder die **Formenenergie** um sich. Wenn wir sie nur richtig wiedererkennen und ehrfurchtsvoll einsetzen würden.
Auch von Menschen oder Maschinen hergestellte tote Körper ohne DNS haben eine Formenenergie

Idealer Benker-Kubus

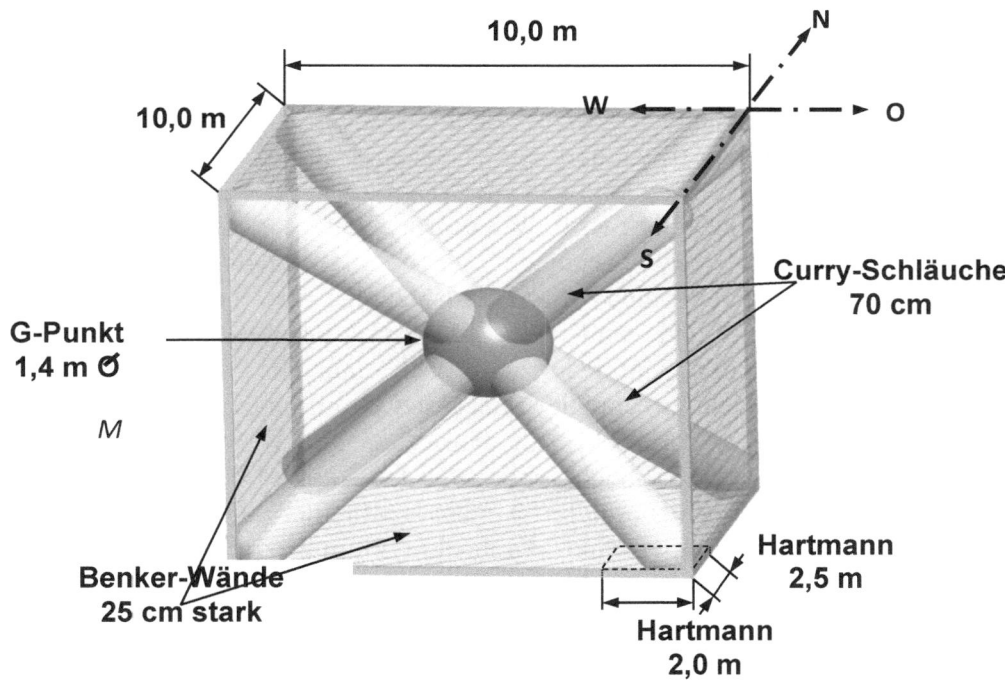

*Idealer Benker-Kubus in maßstabsgerechter Größe,
der insgesamt positiv oder negativ gepolt sein kann.*

Betrachtung über das Wohle der Benker

Heilende und erhaltende sowie aufladende Wirkungen haben alle Kubus-Wände wenn sie nur kurzzeitig wie bei einem Spaziergang von Ost nach West oder Nord nach Süd durchwandert werden. Auch die Wildwechsel sind oft im rechten Winkel zu den Benkerwänden in den Waldboden eingetreten. Auf einem Wildwechsel wandert es sich leicht und beschwingt was von den Eingeborenen der Urwälder Afrikas immer wieder bestätigt wird. Wenn der Wanderer einen Berg besteigt so schneidet er alle zehn Meter Höhenunterschied noch zusätzlich die horizontale Benker-Wand und wird dadurch **besonders stark aufgeladen**, was jeder auch nach einer Bergwanderung spürt. Geht er schneller oder reitet er auf einem Pferd im Galopp so verstärkt sich die aufbauende Wirkung noch mehr. Im Vergleich sehen wir den Fahrraddynamo der auch mehr Strom liefert wenn wir schneller fahren. Autos oder Fahrräder sind durch ihre Gummireifen isoliert, ihnen fehlt die Verbindung zur Erde, der zweite Pohldraht.

Ein Benker-Kubus besteht aus 2 Nord-/Süd-Wänden in der Magnetachse, etwa 25 cm breit.

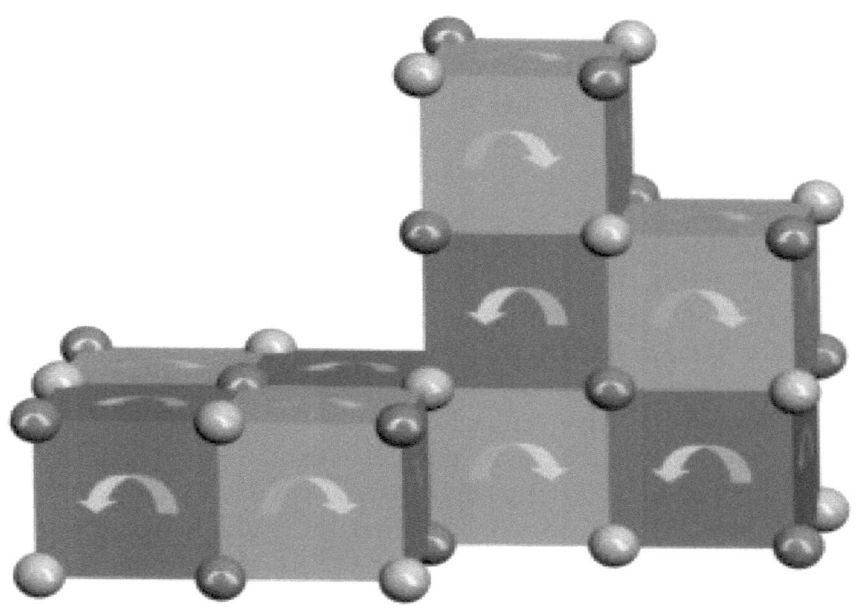

Benker Kubusaufbau mit wechselweise positiven (Rechtspfeil, rechtsdrehend) und negativen (Linkspfeil, linksdrehend) Auswirkungen

Der rechtsdrehende Plus-Kubusraum hat eine hohe Ladung. Diese hohe Ladung bewirkt Anregung, z.B. ist dort ein guter Arbeitsraum natürlich nur wenn er zwischen den Wänden oder den diagonalen Schläuchen liegt. Menschen, die in diesen Pluskubus ihren Schlafplatz haben, werden immer angeregt, sind mit langem Schlaf nicht ausgeruht und morgens noch müde. Der Mensch kommt nicht zur vollkommenen

Entspannung. Der linksdrehende Minus-Kubusraum ist abladend zum Ausheilen einer Erkrankung gut geeignet. Hier ist man mit wenig Schlaf ausgeruht und kann ein langes Lebensalter erreichen. Beobachtungen an Tieren, welche einen Winterschlaf halten, schlafen ausschließlich nur im Minus-Kubusraum. Durch die ruhige Atmung können sie den Winterschlaf gut überstehen. Hervorzuheben ist die starke Polarisierung der Eckpunkte der Benker-Kuben. Im Plus-Kubus sind sie weniger wirksam, weil der Kubus hier auflandend wirkt und somit ein Ausgleich vorhanden ist.

Auf der Erde ist nichts gerade. Wenn wir ein unendlich langes Lineal (Tangente) hätten so würde es sich wie die Erdkrümmung beugen. So sind auch die Kubuswände nicht gerade sondern weisen eine leichte Krümmung auf.

Wenn wir ein Mückenspiel im Sommer beobachten so sehen wir sie in einem etwa zwei Meter hohen und einen halben Meter breitem Turm auf und ab von rechts nach links und umgekehrt tanzen.

Sie sind Strahlensucher und tanzen immer auf einer Benker Wand von der Plus zur Minusseite und wieder zurück um sich so mit Energie aufzuladen. Auch wir durchqueren bei einem längeren Spaziergang zig hundert Benker Wände immer von Plus nach Minus und sind am Ende frisch und Energiegeladen.

Dies ist die vom Schöpfer zum Wohle alles Lebenden geschaffene Seite.

Das gleiche Prinzip wird bei der Stromerzeugung angewendet.

Denken wir nur an den Fahrrad Dynamo, bei dem ein Magnet mit einer Plus und Minusseite, durch den Antrieb des Fahrradreifens, in einer darum gewickelten Spule Energie erzeugt, die eine Batterie aufladet oder den Scheinwerfer zum Leuchten bringt.

Fahrrad Dynamo, der wie wir auf einem Spaziergang von einem Plusfeld in ein Minusfeld wechselt, um Energie zu erzeugen. Wir benötigen die Energie zum Leben, die Lampe des Fahrrads um zu leuchten.

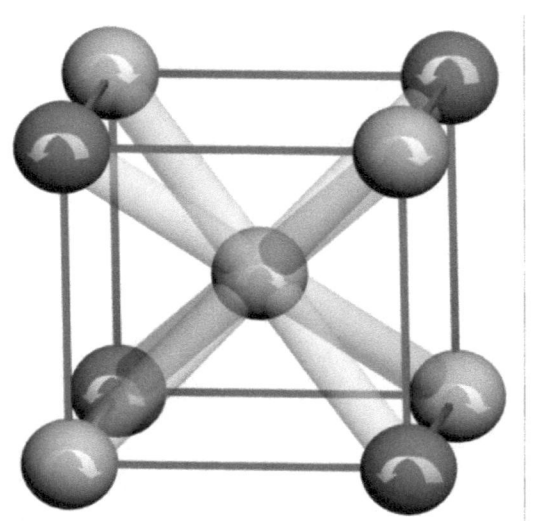

*Benker-Kubus mit 6 ca. 25 cm dicken **Benkerwänden** und vier ca. 70 cm im Durchmesser großen **Curryschläuchen** die sich im Zentrum dem **Grote-Punkt G schneiden.***

Deutlich sind die rechts oder linksdrehenden Energiewirbel zu sehen. Die Gesamtrichtung des Kubus plus oder minus, richtet sich nach dem G-Punkt.

Diagonal durchziehen den Kubus die Curry-Schläuche mit einem Durchmesser von ca. 70 cm. Der Kreuzungspunkt der Curryschläuche in der Mitte des Kubus ist der + oder- gepolte Energie Punkt G. (bei Rechtsdrehung der Kraftort)

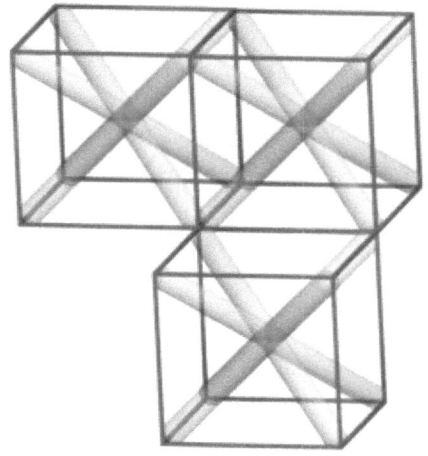

*Hier sieht man gut wie die 70 cm dicken Curry Schläuche
von einem in den anderen Kubus übergehen*

Wie entstehen diese Energien? Durch die Polflußverbindungen der stark polarisierten Kubuseckpunkte. Jeder
Pol sucht den gegensätzlichen Gegenpol, Plus zu Minus
und umgekehrt.

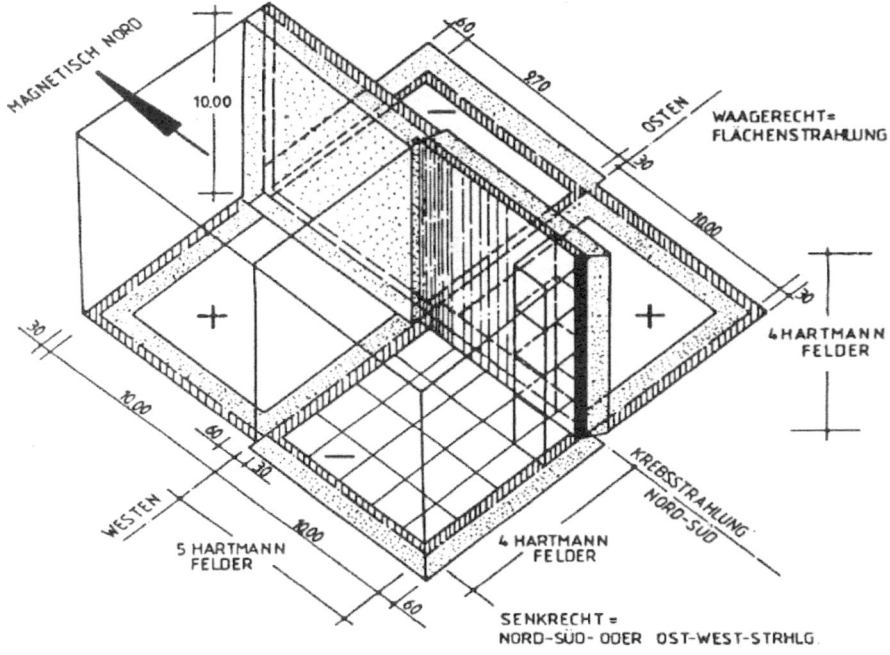

Obiges Bild von Anton Benker, zeigt deutlich die Energiewände die auch in der Horizontalen wirken. Die unterschiedliche Breite der Ankündigung hier 30 und 60 cm und wie sich der Hartmann mit seinen 2,00 x 2,50 Metern in den Kubus übergangslos einfügt, sind gut zu erkennen. Die eingezeichneten Maße sind ideal und werden oft durch Verwerfungen des Untergrundes, Wasserläufe oder andere unregelmäßige Störungen verändert.

Nicht immer werden die idealen Maße von 10x10x10 m erreicht. In der Natur ist nichts exakt genau. Der G-Punkt in der Horizontalen liegt ca. 1,5 Meter über dem Meeresspiegel.

Dort sollte man nicht gerade seine Koje für die Atlantiküberquerung haben.

Durch Ablenkungen wie Erd-Verwerfungen, einer Mikrowelle als künstlichem Energiestrahler oder gedanklich-willentlichen Einflüssen können die Maße stark variieren.

Wenn vor Zeiten die Hunnen ein Lager aufschlagen wollten, ließen sie immer erst die feinfühligsten Tiere, ihre Hunde los. Dort wo die sich hinlegten, schlugen sie dann ihr Lager auf. Wenn ein Hund durch sein unwissendes Herrchen auf einer Benkerwand Platz machen soll, dreht er sich erst ein paar Mal im Kreis um den Platz mit der Benkerwand wie im Rumpelstilzchen Tanz, zu entstören.

Die Wirkungen dieser Benker können wir an vielen Erscheinungen in der Natur mit wachen Augen sehen.
Pflanzen und Lebewesen die oft Strahlenflüchter sind, gehen den Benkerwänden und Curryschläuchen aus dem Weg. Dagegen künstlich hergestellte Maschinen wie eine Mikrowelle zwingen die gradlinig verlaufende Benkerwand, einen Bogen um die Mikrowelle zu machen.
Schauen wir uns nur einen Apfelbaum im Garten an, der zufällig von dem ahnungslosen Gärtner auf eine Benkerwand gepflanzt wurde. Der Apfelbaum kann nicht weglaufen wie die Hunde der Hunnen, er kann aber der Benkerwand ausweichen und schief wachsen. Oder eine

Buche die mit ihrem Astwerk in die Energiezone eines Curryschlauches eintaucht, wächst dort im Bogen herum.
Wenn Bäume auf oder in der Nähe eines G-Punktes oder Eckpunktes stehen, können wir deutlich an dem links oder rechts gedrehtem Wuchs die Wirkung der Energien sehen.. Sogar die Äste oben in z.B. 10 Meter Höhe drehen in die entgegengesetzte Richtung als der Stamm, da sie sich in dem darüber liegendem Benker-Kubus, der anders herum gepolt ist, befinden.
Auch der Blitz beugt sich dieser drehenden Energie.

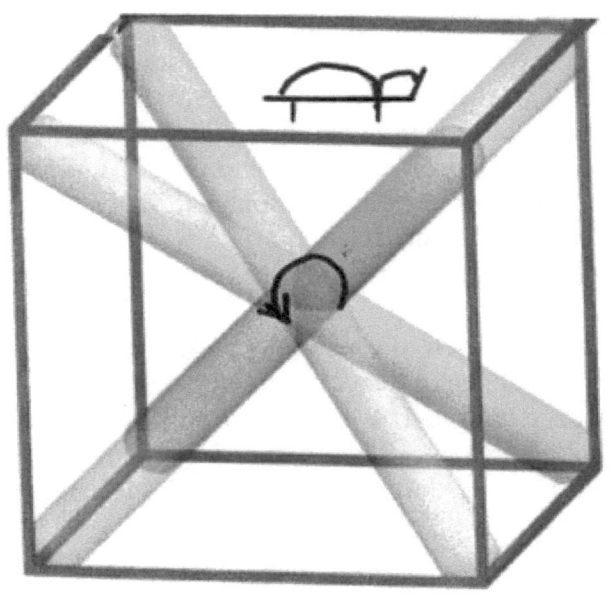

Der ideale Schlafplatz

Ein idealer Schlafplatz im linksdrehenden Benkerkubus ist immer zwischen den Wänden und außerhalb der Curryschläuche, -- über – neben – oder -- unter -- dem linksdrehenden Mittelwirbel.

Bäume und Pflanzen sind die besten Energieanzeiger

Apfelbaum, der einer unsichtbaren Benker-Wand ausweicht.

Pappel, die in einem 70 cm Bogen um einen Curryschlauch wächst.

Tiere **durchschneiden** ständig die Gitternetzlinien um Kraft aufzuladen. Ach wir sollten nach diesem Vorbild z.B. im Wald in NS und OW Richtung spazieren gehen.

Wintersonnenwende

In der Nacht vom 21. Dezember auf den 22. Dezember endet das alte Sonnenjahr und beginnt das neue Sonnenjahr.

Während der heutige Mensch durch seine Naturfremdheit und Kulturlosigkeit die Welt nach seinem wissenschaftlichen Denken umgestalten will, haben unsere Vorahnen anders gedacht:

Die Natur bleibt unerschüttert, bleibt immer Siegerin; sie läßt sich nicht unterwerfen und gibt der Weisheit unserer Ahnen recht, die alles taten, um sich reibungslos dem Gang der Welt, also der Natur einzuordnen.

Denken wir an Silvester:
Wo sich einst die Knie beugten, surren heute Propeller und zischen Raketen in die schuldlose Nacht.

In der Nacht der Wintersonnenwende tritt in der gesamten Natur ein ebenso plötzlicher wie einschneidender Umschwung ein. Erst in dieser Nacht sollten die Barbarazweige austreiben. Doch in unserer überelektrifizierten Umwelt mit den elektrischen und elektromagnetischen Strahlenwirkungen wird die Uhr der Barbarazweige verfälscht, die Barbarablüten erwachen viel zu früh!

Mit diesem Beginn des neuen Sonnenjahres verläßt die Sonne ihren tiefsten Standort am Himmel und damit werden die Tage wieder länger.

Es ist der Tag der Wiedergeburt des Lebendigen, ein hehrer, ein heiliger Tag; es ist die Mutternacht der kommenden Zeit, die wir noch heute mit dem alten Namen für heilig, als Weihe- oder Weihnacht, als Heilige Nacht bezeichnen.

Ab dieser Nacht werden die von der Sonne ausgehenden Strahlungen immer stärker. Und die sonnen abhängigen Bodenstrahlungen nehmen zu.

Es zeigt sich die unbestreitbare Tatsache, daß lange Belächeltes, aus dem Bereich des als Aberglaube verschriene Volks-Weistum sich als hochwertig und brauchbar erst dann erweist, wenn wir uns die Mühe geben, es sachgemäß nachzuprüfen.

So war der Tanz bei unseren Vorahnen keine Lustbarkeit, sondern eine Gesundheitsmaßnahme, die immer dann ergriffen wurde, wenn der Mensch durch kosmische Einflüsse der Gefahr zu erkranken ausgesetzt war.

Vom richtigen Zeitpunkt

Haben Sie schon einmal den Entscheidungsvorgang bei Japanern oder Chinesen beobachtet? Bevor da ein Vertrag unterschrieben wird kann es Wochen dauern, nur weil der richtige Zeitpunkt abgewartet wird. Haben wir noch dieses richtige Zeitgefühl? Da müssen auch wir zu den Alten gehen und uns Rat holen.
Der **zunehmende Mond** führt zu, plant, nimmt auf, baut auf, absorbiert, atmet ein, speichert Energie, sammelt Kraft ladet ein zur Schonung und Erholung.

Keine Operation, sagt Hippokrates: Berühre nicht mit Eisen jenen Teil des Körpers, der von dem Zeichen regiert wird, daß der **Mond gerade durchquert** - z. B. die Hüfte wird von der Waage regiert, von Oktober bis April. Waage stets im abnehmenden Mond. Nicht an **Waage-Tagen** die Hüfte operieren.

Vieh umsetzen in einen neuen Stall nur bei aufsteigendem Mond, nicht am Dienstag, Donnerstag und Sonntag.
Am 18. Juni 3-13 Uhr alle Sträucher oder **Wildwuchs** schneiden sie kommen dann nie wieder.

Steinkreise

Steinkreise standen vor der Christianisierung Europas bei jeder größeren Ansiedlung, Tingplatzes oder Kultortes.
Energie war damals wie heute eines der begehrtesten Elemente um zu überleben.
Ein Steinkreis zieht kosmische Energie aus dem Weltall an und verteilt sie flächendeckend oder gerichtet über die gesamte Erde.
So konnten unsere Vorfahren an jeden Ort diese Energien hinleiten um sie zu nutzen.
Einer der bekanntesten Steinkreise ist Stonehenge in England. Er ist vor ca. 25 000 Jahren als Energiestation erbaut und hatte damals einen Wirkkreis in welchem die aus dem Kosmos gesammelten Energien verteilt wurden von 120 km im Kugelumfang. Da eine Seite des inneren Kreises nach Nord Osten offen ist wurden die gesammelten Energien auch über Fersensteine und Menhire zu einem Kultplatz weitergeleitet. Durch besondere Quarzsande, Umwallungen aus Eisenerzen oder Steinaufschüttungen und tiefe Gräben konnte man Verstärker hinzufügen die breite oder stark gebündelte Energieausstrahlungen hervorriefen.
Über die Energiestraßen der Leylinien wurden von unseren Altvorderen sowie auch heute noch die überschüssigen gesammelten kosmischen Energien an die Plätze weitergeleiten wo sie benötigt werden.
Jeder ist aufgerufen mit dem Bau eines Steinkreises ob groß im Garten oder klein mit ein paar Nüssen auf den Küchentisch Mutter Erde zu helfen um die Ihr täglich zugefügten Umweltschäden besser verkraften zu können.

Die vielen Steinhaufen die oft am Wegrand unbeachtet liegen kann man mit ein wenig Mühe in einen Kreis oder einer Acht oder auch Spirale ordnen und so Mutter Erde helfen.

Landwirtschaft Ohne Dünger und Spritzmittel durch „Freie Energie"

Natürliche Energien bündeln wie es unsere Vorfahren mit Steinkreisen wie Stonehenge in England machten

Die Landwirtschaft ist heute darauf angewiesen beste Erträge bei möglichst kleinem Einsatz zu erzielen um weiter existieren zu können. Der stark angewachsene Aufwand an Maschineneinsatz, Dünger oder Spritzmitteln läßt sich recht einfach mit natürlichen Mitteln reduzieren. Die Böden sind ausgelaugt, es ist kaum noch natürliches Leben darin vorhanden. Landwirtschaft Ohne Dünger ist eine uralte Methode die noch besser als alle Bio Anwendungen arbeitet. Unsere Vorväter wandten diese Methoden schon vor vielen 1000 Jahren an um besser zu überleben.

Schauen wir nur mal über den Teich nach England oder Irland oder Südafrika wo heute noch viele Steinkreise zu sehen sind. Die Wissenschaft steht da vor einem Rätsel. Sie machen uns weiß es wären Kalenderanlagen.
Der ganze Kosmos ist in Bewegung. Jeder der vielen Milliarden Sterne dort oben rotiert ellipsenförmig. Das bedeutet er hat auch zwei Pole und damit erzeugt jeder

Stern All-Kraft Energie. Genauso wie ein Fahrraddynamo der durch den Reifen angetrieben, sich dreht und Strom für die Beleuchtung erzeugt. Diese All-Kraft Energie strömt im gesamten Kosmos so auch hier auf der Erde. Sie umgibt uns. Da sie aber nicht gebündelt ist merken wir nichts davon. „Diese Energie ist die alles umspülende, durchdringende elektromagnetische Kraft, die in unausschöpfbaren Dimensionen den Altvorderen aber auch uns in der Gegenwart dienstbar, helfend zur Seite stehen würde, wenn wir sie nur richtig wiedererkennen und ehrfurchtsvoll einsetzen würden. Diese All-Kraft ist von Jedermann fühlbar und auch mental meßbar.

Grundsatz 1.

Steinkreise, Achten, Spiralen oder Siebensterne die alleine stehen, bündeln kosmische Energie „Freie Energie" aus dem All hier auf der Erde und verteilen diese Energie im Kugelumfang zum Wohle aller Lebewesen und Mutter Erde.

Grundsatz 2.

Wenn eine Kirche oder andere Flächen Land bis 80 ha von mindestens 5 Steinkreisen umgeben werden, dann bündeln auch diese Steinkreise kosmische Energien „Freie Energie" aus dem All und verteilen diese Energien nur auf der zum Beispiel in Eiform (Lebensform wie das Hühnerei aus dem Leben entsteht) eingerahmten Landfläche.

Einweihungstempel

Die Führer bei unseren Vorfahren wie Kaiser, Zaren, Könige, Fürsten, Pharaonen, Herzöge, Heerführer erhielten eine besondere Er>>>Ziehung in Einweihungstempeln. Hier eine Schilderung aus einer ägyptischen Einweihungsschule:

Jeden Morgen bei Sonnenaufgang müssen wir uns im Garten versammeln. Wir beginnen mit körperlichen Übungen. Diese Übungen sind mit starker Konzentration verbunden. Wir üben verschiedene Körperhaltungen verbunden mit Atemübungen und müssen unser Bewußtsein mittels dieser Übungen in die verschiedenen Körperteile lenken. Durch lange und ausdauernde Übung können wir auf diese Weise den ganzen Körper vollkommen bewußt machen, die kleinsten Körperteile wie alle inneren Organe bewußt bewegen, beherrschen und lenken. Wir erreichen damit, daß der Körper ein tadelloses Werkzeug wird. Wenn wir die körperbelebenden Übungen beendet haben, gehen wir im großen Saal zur Schulung von Seele und Gemüt über. Diese Übungen bestehen darin, daß der Lehrer uns verschiedene zusammenhängende Traumbilder diktiert, die wir so intensiv erleben müssen, als ob wir sie in Wirklichkeit erleben würden. Mit diesen Traumbildern rufen wir willkürlich. verschiedene Gemütserregungen in uns hervor und lernen, über diese Herr zu werden. Mit diesen Übungen führt uns unser Lehrer durch die verschiedenen Sphären der Unter- und Oberwelt, durch die sieben Höllen und die sieben Himmel und lehrt uns, unsere Geistesgegenwart unter allen Umständen zu bewahren, um in den schwierigsten Lagen augenblicklich entscheiden zu können, was wir zu tun haben.

Wenn wir dieses schon vollkommen beherrschen, müssen wir einen Schritt weiter gehen: die verschiedensten seelischen Zustände sind auf Befehl, ohne Traumbilder, aber mit derselben Intensität zu erleben, als ob wir dazu einen Grund hätten. Wir müssen diese Übungen beim tiefsten negativen Zustand beginnen und die Erlebnisse langsam, schrittweise bis zum höchsten positiven Zustand steigern. Zum Beispiel: Wir beginnen uns in die tiefste Niedergeschlagenheit einzuleben, dann erleben wir langsam steigernd Gleichgültigkeit, gehen dann höher und höher, bis wir die äußerste Fröhlichkeit und schließlich höchstes Glücksgefühl erreicht haben.

Wenn nach langer Zeit diese Übung gut geht, müssen wir die seelischen Zustände schneller wechselnd üben, bis wir die verschiedensten seelischen Zustände nacheinander so geläufig abwechselnd erleben können, wie der Künstler auf seinem Musikinstrument, nach seinem Willen auf und ab, von den tiefsten bis zu den höchsten Tönen alle Klänge hervorlocken kann. Dann, wenn wir vom finstersten Leid bis zum höchsten Freudengefühl alle seelischen Zustände gut und geläufig beherrschen, dürfen wir einen Grad höher steigen und müssen entgegengesetzte seelische Zustände ohne Übergang hintereinander erleben. Zum Beispiel: größte Traurigkeit und ohne Übergang größte Heiterkeit; oder: Angst - dann blitzschnell auf selbstsicheren Mut umschalten und diese Übung entgegengesetzter Seelenzustände weiterführen.

Diese Exerzitien dürfen wir nur unter der Leitung unseres Lehrers machen. Sie bedeuten eine große Anstrengung für die Nerven. Dann kommt der nächste Schritt, ohne

Grund - ohne das Diktat eingebildeter Traumbilder, die den einen oder anderen seelischen Zustand herbeirufen - einen Zustand an sich zu erleben. Nach langem üben, wenn man diese Übungen schon vollkommen beherrscht, entdeckt man, daß man sich immer nur eingebildet hat, einen Grund zu haben, «traurig» oder «fröhlich», «niedergeschlagen» oder «himmelhochjauchzend usw. zu sein. Diese Übungen verschaffen uns die Überzeugung, daß die verschiedensten Geschehnisse keine Wirkung auf uns haben. Wir entdecken, daß jeder Bewußtseinszustand aus uns selbst stammt und immer nur von innen her entsteht. über dasselbe Geschehnis kann der eine lachen, der andere weinen, ein dritter dagegen vollkommen gleichgültig bleiben, weil ein jeder seine eigene innere Einstellung nach außen projiziert und erst diese innere Einstellung uns erregt, nicht aber die äußeren Geschehnisse an sich.

Als Endresultat muß der Schüler die Fähigkeit erreichen, den vollkommenen seelischen Ruhezustand unter allen Umständen unerschütterlich zu wahren und nie aus ihm herauszufallen. Außerdem tragen diese Übungen die Erkenntnis und Erfahrung ein, daß, was immer auf Erden geschieht, nur ein vergängliches, von selbst in Zeit und Raum projiziertes Traumbild ist. Wir brauchen es nur so weit ernst zu nehmen, als unsere Erfahrung dadurch wachsen soll. Neben dieser langen seelischen Schulung sind uns auch parallel rein geistige Konzentrationsübungen gestellt. Diese erteilt mir ein anderer Lehrer Ima. Nach den gemeinsamen Übungen führt er mich in eine ruhige Ecke des Gartens und erklärt mir, was Konzentration bedeutet. Ich darf mir nicht erlauben, daß die Gedanken nach ihrem Belieben in mir herumschweifen ohne Ordnung; sondern ich muß mir selber befehlen, an einen gewissen vorgeschriebenen Inhalt zu denken. Ich muß meine Gedanken in einen einzigen Punkt zusammenziehen, ihnen also statt einer zentrifugalen eine zentripetale Richtung geben. Ima gibt mir einen Satz als Konzentrationsinhalt. Wenn mir die Konzentration gelungen ist, soll ich es ihm melden. Dann läßt er mich allein.

Der Satz lautet: «Ich offenbare immer das Göttliche.» Ich setze mich hin und fange an, mich auf diesen Satz zu konzentrieren, Ich sage den Satz in mir: «Ich offenbare immer das Göttliche», einmal, zweimal, zehnmal, hundertmal ... ich denke an nichts anderes: «Ich offenbare immer das Göttliche... Ich offenbare immer das Göttliche.

Das ist aber keine Konzentration!»

Es geht nicht mit Worten. So stelle ich mir einen Kreis mit Worten vor.

Ima hört aufmerksam zu, dann sagt er voll Freude: «Du hast sehr richtig geübt! Du hast entdeckt, daß es unmöglich ist, sich auf Worte zu konzentrieren. Daß du dir den Satz schließlich in Kreisform vorgestellt hast, war ein richtiges Streben nach Konzentration. Wenn du die Worte aber noch so eng zusammenziehst, bilden sie noch immer einen Kreis, und du kannst nie ins Zentrum. Du hast erfahren, daß die Worte gegenüber deiner konzentrierenden Kraft eine Widerstandskraft ausüben und du sie deshalb nicht im Mittelpunkt zusammenziehen kannst. Dieselbe Widerstandskraft nützen wir aus, wenn wir eine Brücke bauen. Man bildet aus den Steinen einen Bogen - wie du jetzt aus Wörtern einen Kreis gebaut hast -, und die Brücke fällt nicht ins Wasser, weil die Steine einen Druck aufeinander ausüben und das Material dem Druck nicht nachgibt. Durch die Kraft des Widerstandes halten die Steine die ganze Brücke zusammen. Aber wenn deine Konzentration in den Mittelpunkt gelangen will, so hindert dich der Widerstand der Worte, und die Konzentration ist unmöglich. Dasselbe geschieht, wenn du dich auf ein Wort konzentrierst. Ein Wort besteht aus Buchstaben, die nie völlig in einem Punkt zusammengezogen werden können.»

«Was soll ich also tun?» «Was würdest du tun?" fragt Ima zurück.

Ich denke eine Weile nach und sage: «Die Worte sind das Kleid, die materielle Erscheinung des Sinnes. Wenn ich in den Mittelpunkt gelangen will, muß ich die Worte, die mich hindern, aufgeben und mich nur auf den Sinn des Satzes konzentrieren, ohne Worte, ohne Form. Ist es so richtig?» Ja dies ist der einzige richtige Weg sich auf den Sinn zu konzentrieren.

Der Einweihungsstein

In den früheren Einweihungstempeln lernten die Schüler wie wir grade gesehen haben den Blick für das Ganze, Wesentliche und große Erwachen alles Lebenden.

Hier erhielten die Schüler ihre letzte Stufe der Einweihung um dann als besonders begabter Oberster eines Landes oder Volkes als Heerführer oder Druide ins Leben zu gehen.

Dafür wurden die Einweihungssteine gebraucht um dem Schüler die nötige Energie und Sichtweise für seine spätere Aufgabe zu verleihen.

An den Externsteinen bei Detmold befindet sich der sogenannte Sargstein, Einweihungsstein am Felsen Eins. Diese Einweihungssteine sind mit besonderer Energie ausgestattet einmal durch ihre Lage im Gitternetz und weiter durch ihren Bau, Größe, Höhe über dem Erdboden, Abweichung von der waagerechten und den Magnetachsen, Umfeld wie der Kammer in der sie liegen, die Deckenhöhe, die Wände, die verwendeten Materialien, die Anzahl und Lage der Steine und so fort. Die dort herrschenden Energieverhältnisse kann man messen und auf Energiebildern sehen.

Deutlich ist da eine Energiezone zu muten, die auch auf dem metaphysischen Energiefoto zu sehen ist. Der Einweihungsstein an den Externsteinen wird fälschlicherweise als Sarg bezeichnet, wobei die Kopfaussparung nie für einen Toten geeignet sein konnte.

Einweihungsstein *mit gelbem Energie Streifen*

Foto Verfasser

Am hier fotografierten, sogenanntem Sargstein der Externsteine ist klar eine Energiewand, die für den Einweihungsritus benötigt wurde, zu sehen. Aufgenommen Himmelfahrt 2005 zwischen 14 und 16 Uhr vom Verfasser. Hier wurden die Schüler in ihrer geistigen Entwicklung durch die vorhandenen Energien besonders gefördert.

Auffallen ist noch eine 5 Meter lange Bohrung von der darüber befindlichen Kammer bis zum Einweihungsstein quer durch den Felsen, um dem Schüler währen der Einweihung noch hilfreiche Anweisungen übermitteln zu können.

Das Heiligtum der Germanen „Die Externsteine" vor Sonnenaufgang am Himmelfahrtstage aufgenommen.
Trotz der völligen Zerstörung dieses Kultortes nach dem Sieg des Sachsenschlächters „Karls des Großen" über die Germanen im Jahr 772 sind die Energien vor dem Felsen III heute noch vorhanden, was dieses Foto einleuchtend beweist. Foto: Herbert Richter, Göttingen

Wenn man sich an diesen Platz stellt und nur ein wenig fühlig ist, spürt man sehr deutlich diese Einweihungs-

Energie. Ein Schüler wird hier besonders stark zur Erledigung seiner späteren Aufgaben angeregt.

Heilstein auf dem siebten Externstein-Felsen
Foto Verfasser

In diesem Heilstein sind besonders starke Energien zu spüren. Länger als eine Stunde kann man hier nicht liegen dann kribbelt der ganze Körper. Zur Energieverstärkung ist etwa drei Meter unterhalb des Fußendes ein in den Felsen ausgehauener Hohlspiegel eingearbeitet der kosmische Energien bestimmter Planeten auf diese Heilwanne leitet. Links auf dem Stein sind im Abstand von einigen Zentimetern Hohlkerben in zwei Reihen nebeneinander genau in der Linienführung des Benkergitters N-S eingemeißelt.

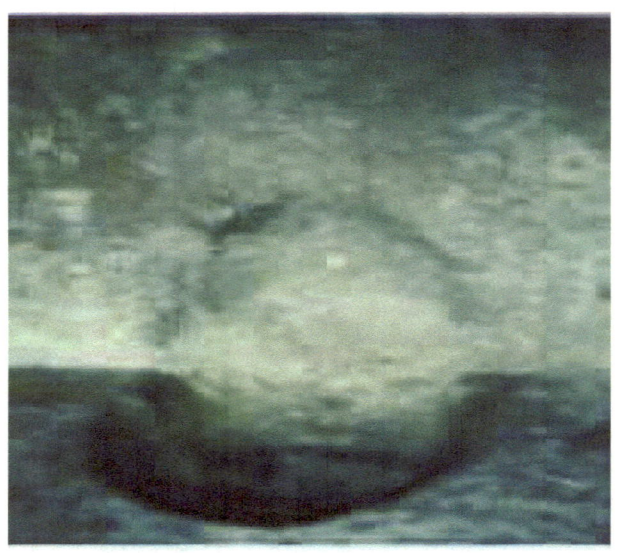

*Das Loch in der Mitte der unteren **Kapelle***
an den Externsteinen zeigt deutlich den Energiestreifen
im Kopfbereich eines darin zur Einweihung hockenden
Schülers.
Dieses metaphysische Energiefoto ist
Himmelfahrt 2005 zwischen 14 und 16 Uhr mit einer
Polaroid S70 entstanden.

Foto Verfasser

Einweihungsstein *(Allod) in Teisingen Sauerland. Aufgenommen im Oktober 1999 um 15 Uhr bei Nieselregen mit Polaroid S70 von Irmgard Grote, Niederbergheim.*

Der Einweihungsstein ist auf einem künstlichen Hügel in alter germanischer Zeit erbaut, und dem Göttervater Odin geweiht. Deutlich ist der G-Punkt (Kraftort) als Energiewirbel in der Mitte zu erkennen. Da das Gelände ursprünglich zu tief für einen Kraftort lag, haben die Wissenden in alter Zeit erst einen Hügel von etwa drei Metern aufgeworfen, damit der G-Punkt auch richtig in die Mitte des Einweihungsplatzes kommt, wie an obigem Bild gut zu sehen ist.

Der Einweihungsstein in der Königskammer der Cheops-Pyramide in Gizeh.   *Bild: Wikipedia*

Dieser Stein hat nach den Forschungen des Ägyptologen Axel Klitzke (Literatur) eine ganz besondere Energiestrahlung. Wenn man sich hierin längere Zeit aufhält spürt man sehr deutlich den Einfluß am ganzen Körper. Durch die ungleichen Winkel und Längen sowie verschiedenen Anzahlen der verwendeten Steine hat diese Königskammer eine ganz starke Akustik. Der Forscher ist fest davon überzeugt daß es sich hier um einen Einweihungsstein der Pharaonen handelt. Er beweist dies durch den Bau, seine Lage, Neigung zur waagerechten, Verwendung der Materialien und genau abgestimmten Maße und vielen weiteren Eigenschaften.
Zahlen und Maße müssen seit dem Bau der Pyramiden bekannt gewesen sein denn jede der drei Pyramiden in Gizeh ist nach einem anderen Maßsystem einmal in Zoll, zweitens in Ellen und drittens in cm konstruiert worden. Damit wird deutlich daß unser heutiges cm schon seit Urzeiten verwendet wurde. Die Atlanter bauten die Pyramiden die nach Vermutungen 150 000 Jahre alt sein

können. Das bedeutet es muß vor den Atlantern ein hoch entwickeltes Volk gelebt haben das unserem Schöpfer wesentlich näher gestanden hat als wir es uns heute vorstellen können. Die Hyperboreer lebten vor über 300 00 Jahren in Grönland dem grünen Land und waren die Vorfahren der Atlanter. Von unserem ABC das aus den Runen (Futhark) gebildet ist wissen wir, aus dem Bericht der Edda, daß unser Göttervater Odin in neun Tagen hängend am Baum den Sinn der Runen aufgenommen hat. Axel Klitzke ist durch seine Forschungen der verschiedenen Maßsysteme der Überzeugung, auch unsre heute verwendeten Zahlen und Maße stammen aus einer göttlichen Quelle. Die Cheops-Pyramide in Gizeh ist in Spiralform gebaut. Die NO Ecke liegt -0,276 Zoll unter dem Niveau der Bodenplatte, die SO Ecke +0,146 Zoll, die SW Ecke +0,194 Zoll und die NW +0,264Zoll über der Bodenplatte. Daraus folgt, über der Pyramide bildet sich eine starke Spiralenergie die bis weit in die Atmosphäre reicht. Wir erkennen an diesen vielen unterschiedlichen Massen und Einheiten am Einweihungsplatz das dies von den Erbauern so gewollt ist um ihm Leben einzuhauchen. Auch in unserem Leben sollte nicht alles so genau, pingelig, ordentlich oder sauber sein. Dafür aber der Blick für das Ganze ausgebildet sein. Schauen wir nur mal in die Kunst. Warum ist das Bild der „Mona Lisa" so großartig, anregend, bewunderungswürdig. Weil es auch nicht so ganz genaue Umrisse zeigt. Die Übergänge sind fließend nicht so genau umrissen. Die Maler nennen es „sfumato"
So soll es dann auch in der „Neuen Schule und ER" sowie in unserm Ganzen leben werden, klingen und sein.

Anhang

TRUTH CHRISTMAS NUMBER, DECEMBER 25, 1890

Des Kaisers Traum von 1890
Hier sind 25 Jahre vor den wirklichen stattgefundenen Ereignissen in Form von Comics diese sehr genau dargestellt. Das beweist daß alles Geschehen auf der Welt im Vorhinein geplant ist.

Bild: Truth, London Ausgabe vom 25.12.1890

Weitere Briefe des Vaters.

Über den Umgang mit Geld

Ihr findet es vielleicht sonderbar, materialistisch, daß ich schon im zweiten Brief vom Geld spreche, aber leider lehrt die Praxis, das tägliche Leben, daß man sehr, sehr davon abhängig ist. Auch daß gerade damit die meisten Fehler gemacht werden. Aber es gehört auch zum Familienleben, daß man über Geld Begriffe hat, die sich zu mindestens ähneln, denn der meist ernsthafte Familien- und Geschwisterstreit entsteht wegen des Geldes. Zunächst am Anfang, Geld ist leider eine Notwendigkeit im Leben, wer es hat, weiß es nicht zu schätzen, ihm ist es eine Selbstverständlichkeit, wer es nicht hat, beneidet diejenigen, die es haben. Richtig zu schätzen und richtig anzuwenden, weiß es nur derjenige, der es selbst verdient hat. Und das ist nicht leicht. Es gibt Leute, denen gelingt alles, denen wird alles zu Geld, sie haben Glück, Schlauheit und Gerissenheit und sind meist "sparsam". Es gibt Leute, die nie Geld haben und dabei die glücklichsten Menschen in der Welt sind, da sie andere Fähigkeiten haben, mit denen sie ihre Mitmenschen glücklich machen können und durch die sie sich gerade immer so über Wasser halten. Und es gibt schließlich Leute, die immer Pech haben, alles was sie anfassen geht schief, immer sind sie die Hereingefallenen und bald haben sie nichts mehr und fallen den Verwandten oder der Wohlfahrt zur Last. Die Masse der Menschen gehört aber zur Kategorie derjenigen, die sich ein festes Gehalt verdienen und "Pensionsberechtigung" haben. Es sind diejenigen, die nie kein Geld haben, die aber auch nie Geld haben. Sie sind meist mißvergnügt, neidisch und kleinlich, sie können kaum höher steigen, sie können aber auch nie ganz fallen, man nennt sie "Gehaltsempfänger" oder "Beamte". Mit ihnen wollen wir uns nicht befassen, sie sind uninteressant. Ich möchte Euch empfehlen, zu keiner der aufgezählten Kategorien zu gehen, sondern zu einer fünften, die möglichst von allem was hat, außer von der dritten, denn damit kann niemand etwas anfangen. An die Spitze aller Geldwirtschaft im Kleinen und im Großen gehört: Immer klar sein, was hast Du und damit mußt Du auskommen! Das was wir im Geschäftsleben einen Voranschlag nennen, das gehört als Erstes an die Spitze. Feststellen, was habe ich, was muß ich davon Lebensnotwendiges bestreiten, was bleibt dann übrig für Nichtnotwendiges, was lege ich zurück. Diese Rechnung, die verhältnismäßig einfach ist, muß immer wieder in gewissen Abständen wiederholt werden. Hieraus ergeben sich dann neue Überlegungen, wie kann ich mehr verdienen? Wie kann ich weniger ausgeben? Grundsätze möchte ich folgende aufstellen:

1. Niemals mehr Ausgeben als man hat.

2. Niemals Geld borgen, das nicht sicher zurückgezahlt werden kann.

3. Niemals Geld an Freunde verleihen, das nicht sicher wieder zurückgezahlt werden kann.

4. Niemals für andere eine Bürgschaft übernehmen.

5. Niemals etwas kaufen, was ich nicht bezahlen kann.

6. Niemals Geld verspielen.

7. Immer eine Rücklage bereithalten für Notfälle.

Und niemals (in Geldsachen) eine Unterschrift leisten, über deren Folgen ich mir nicht ganz klar bin. Wenn ihr diese Grundsätze befolgt, dann kann euch so leicht nichts passieren. Nichts ist schlimmer, als sauer verdientes

Geld, durch eine Dummheit verlieren. Nun noch einige Einzelheiten, die Euch in Eurer Jugend besonders betreffen. Solange Ihr noch kein Geld verdient aus eigener Kraft, sondern vom Gelde Eurer Eltern lebt, bedenkt immer, daß das nicht Euer Geld ist, mit dem Ihr jeden Unsinn machen könnt. Macht immer den Unterschied zwischen dem Geld, das Ihr geschenkt bekommen habt oder Euch erspart, verdient habt und dem Geld, das wir Euch geben, um Notwendiges zu bezahlen. Letzteres müßt Ihr immer so anwenden, als wenn wir daneben ständen, mit dem Ersteren könnt Ihr Eure Dummheiten machen, wie z.B. aus Eitelkeit, aus Großmannssucht, aus Vergnügungssucht usw. Denkt immer daran, wer den Pfennig nicht ehrt, ist des Talers nicht wert. Seid nicht geizig, besonders nicht gegen Untergebene; Seid nicht verschwenderisch. Wenn auch sonst im Leben der goldene Mittelweg nicht immer der richtige ist, in Geldsachen ist er es aber bestimmt. Niemals protzig, niemals poplig. Hierbei komme ich in ein anderes Kapitel, das später besprochen werden soll, das ist der Umgang mit anderen Menschen, mit Freunden. Wie oft läßt man sich durch 121 andere zu Geldausgaben verleiten; Achtung, immer das eigene Urteil entscheiden lassen, nicht Geld ausgeben, weil es der andere tut, das ist meist falsch, denn wer ist der andere? Vorsicht mit Geld! Niemand zum Stehlen verleiten durch Unvorsichtigkeit Deinerseits, immer Vorsicht mit Bargeld, daher schon früh angewöhnen, nie viel Geld in die Tasche stecken, möglichst bargeldlos. So, meine Lieben, ich glaube, das war das Wichtigste für Euch. Zum Schluß noch eines: Laßt in Eurem Leben deshalb das Geld nie die Hauptrolle spielen, im Grunde genommen ist es ja nur wertloses Zeug, ein Begriff und nicht wert, deswegen etwas Wertvolles dafür zu verlieren. Es muß in Ordnung sein im Geldwesen jedes Einzelnen, er muß für sich und die Seinen Sorgen, wie ich es versuche, für Euch zu sorgen. In Geldsachen immer genau, peinlich genau, niemals unehrlich oder oberflächlich! Seid herzlichst umarmt von Eurem Vati.

Über Freundschaften

Was wäre eine Jugend ohne Freundschaften? Sprechen wir doch so viel und gern im Alter über Jugendfreundschaften. Man hat sie viel und wechselnd. Sache des Einzelnen ist es, sie wertvoll zu machen. Freundschaften fürs Leben zu haben. Ideal ist es, wenn dies unter den Geschwistern der Fall ist, aber nicht die Regel. Die meisten Freundschaften entstehen durch Klassenkameradschaft oder aus irgendeinem besonderen Grunde gemeinsamen Erlebens. Das gemeinsame Erleben schließt schon eine Interessengemeinschaft, eine Gedankengemeinschaft, in sich. Denn was sind denn Freundschaften im Grunde genommen, es sind Menschen, mit denen man einen lebhaften Gedankenaustausch pflegt, der, je mehr die Gedanken zusammen passen, zu einer Freundschaft wird. Gefahren der Freundschaft sind, sich durch die Freundschaft Vorteile verschaffen wollen, diese halten meist nicht lange oder werden lästig. Der Sinn der Freundschaft ist, daß beide Teile Vorteile davon haben, nämlich in erster Linie geistige. Gedankenaustausch bildet und entwickelt den Geist, ja, kann den Geist schärfen. Merkt man, daß man in der Freundschaft der "ausgenutzte" Teil nur ist, dann ist es Zeit, diese Freundschaft zu beenden. Die Menschen sind sehr verschieden veranlagt, manche sind immer gleich mit jedem Gut-Freund, manche sehr schwer, sie sind verschlossen und geben ihre Gedanken nur preis unter besonderen Stimmungen oder Einwirkungen. Wichtig ist, daß man seine Freundschaften immer mal wieder überprüft. Haben sie Wert? Entsprechen sie in irgendeiner Form dem Sinn der Freundschaft? Erkenne ich, daß sie das nicht tut, dann Schluß. Erkenne ich aber, daß sie es tut, dann muß immer daran gedacht werden, daß Freundschaft auch gepflegt sein will. Das heißt, sie muß Gelegenheit erhalten zum Gedankenaustausch, sei es mündlich, sei es schriftlich. Sie darf nicht durch Faulheit und Trägheit vernachlässigt werden. Sonst schläft sie ein und ist aus. Es gibt Freundschaften, die einem besonders wertvoll erscheinen zu einer bestimmten Zeit und nach einer Zeit versteht man nicht mehr, warum man diese Freundschaft hatte. Das sind so Veränderungen im Menschen, die man erkennen muß und verstehen lernen muß. Hat man aber einen Freund als wirklich wertvoll erkannt und hat man das Gefühl, daß auch der andere einen für wertvoll hält, dann haltet fest, was Ihr habt und seid treu. Treue Freunde, wirklich gute Freunde, hat man nicht viele im Leben. Diejenigen, die einem begegnen, muß man festhalten. Eng verwandt mit der Freundschaft ist die Kameradschaft. Sie ist in der Vollendung nur im Kriege oder in sonstiger gemeinsamer Gefahr zu erreichen. Aber dann ist sie auch besonders wertvoll. Ich habe im Leben nichts Schöneres und Zuverlässigeres kennen gelernt, wie die Kameradschaft. Im Kadettenkorps, im Regiment, auf vielen Kommandos, im Stahlhelm. Scheinbar ist die Kameradschaft etwas, was es nur bei den Soldaten gibt. Woanders ist sie vorhanden unter früheren Soldaten. Männer, die nie Soldaten waren, haben für Kameradschaft keinen Sinn und Verständnis.

Kameradschaft und Freundschaft sind sehr enge Verwandte. Aus Kameradschaft kann Freundschaft werden und tut es oft, umgekehrt nie. Ich möchte sagen, Freundschaft sollte der Komparativ von Kameradschaft sein. Jedoch stimmt das nicht immer. Ein Kamerad z.B. kann oft mehr Treue beweisen als ein Freund. Das klingt nicht ganz einleuchtend, ist aber so. Weil der Kamerad ein fester Begriff ist: Kriegskamerad, Regimentskamerad, Internatskamerad usw. Aber Freundschaft ist kein fester Begriff, er ist wechselnd. Sonst gäbe es nicht so viele Enttäuschungen wie gerade in der Freundschaft. Pflegt gute Freundschaften und Ihr werdet viel Freude daran im Leben haben. Freundschaften mit dem anderen Geschlecht sind ein besonders schwieriges Kapitel. Sie sind verhältnismäßig häufig, besonders in jungen Jahren, aber auch in späteren. Hier muß man sich ganz klar darüber sein, daß der Superlativ die Liebe ist, wenn ich die Freundschaft als den Komparativ der Kameradschaft bezeichne. Eine Freundschaft mit dem anderen Geschlecht ist gewiß etwas besonders Schönes aber oft, oft ist sie die Tarnung für Liebe. Man soll sich da nicht selbst betrügen. Kinder, besonders Ihr Mädels seht in der Beziehung klar. Macht Euch nicht selbst etwas vor. Was ich über Freundschaft sagte, gilt hier besonders, immer prüfen, ist man nicht nur der "ausgenutzte" Teil. Wie denkt der andere Teil? Hat er auch nur die rein freundschaftlichen Gefühle wie du? Sich selbst prüfen, hast Du auch nur rein freundschaftliche Gefühle, nützt Du nicht nur aus? Die Liebe verlangt alles, den ganzen Menschen, die Freundschaft nur den geistigen Menschen, die Kameradschaft nur die unbedingte Zusammengehörigkeit. Dies nur kurz über die Liebe, die wohl das Wertvollste und Schönste ist, das uns Menschen gegeben ist, worüber so viel zu sagen wäre, aber Kinder, soweit sind wir noch nicht. Jedenfalls pflegt diese drei in Eurem Leben, denkt über sie nach, prüft Euch immer wieder und versucht, Euch über den anderen Menschen klar zu werden und über Euch selbst! Kameradschaft, Freundschaft, Liebe, sie alle drei zusammen sind das, was wir für eine Lebensgemeinschaft anstreben. Ich möchte die drei ganz ideal gedacht, Euch folgendermaßen klarmachen: Liebe ist eine Sache des Gefühls, Freundschaft eine Sache des Verstandes und des Gefühls, Kameradschaft eine Sache der Erziehung. Denkt man darüber nach! Gute Nacht. Euer Vati.

Hier ein paar Worte von Ursula von Mangoldt über die Freundschaft.

Ein Wort von Silesius
Vor jedem steht ein Bild des, was er werden soll. Solang' er das nicht ist, ist nicht sein Frieden voll.

Wer mein Nächster ist, sagt das Gleichnis vom barmherzigen Samariter. Der Nächste ist der Mensch, der in einer besonderen Situation mich braucht und nach meiner Zuwendung und Hilfe verlangt, nicht weil ich mit ihm verwandt oder vertraut bin, auch nicht, weil ich gleicher Herkunft und Klasse bin, sondern weil ich in einem bestimmten Augenblick da bin und das tue und bewirke, was notwendig ist. Kaum jemand verbindet noch eine Vorstellung mit der Idee der Freundschaft, von der Augustinus schreibt: **"Niemand kann in Wahrheit der Freund eines Menschen sein, wenn er nicht zuerst der Freund der Wahrheit selbst ist"**. Freunde sind wahr zueinander, weil sie Vertrauen haben zum anderen und sich nicht hinter Masken verbergen müssen. Ihre Aufrichtigkeit erlaubt Offenheit und erwartet Verständnis. Wie anders würde das Verhältnis zwischen Schülern und Lehrern oder zwischen Kindern und Eltern sein, wenn es Freundschaft zwischen ihnen gäbe. Sie Muß nicht in Autorität und Unterwerfung ausarten oder eine zu starke Identifizierung bedeuten. Ein Abstand der Achtung vor dem Eigensinn des Freundes bleibt bestehen. Aggressionen oder Rivalitäten werden zwischen Freunden vermieden, und der Zwang des **triebhaften Begehrens** ist ihnen fremd. Stärker verbindet beide das Streben nach geistigen und die Suche nach gemeinsamen Zielen. Die Freundschaft hat auch in schweren Zeiten Bestand. Sie kann sich in Gefahren und im Angesicht des Todes verstärken. In der Freundschaft liegt nämlich wie in der Liebe Unvergänglichkeit und Bestand im Wechsel des Vergänglichen. Der Mangel an Freundschaften in unserer Zeit verstärkt die innere Leere, die durch die Unbeständigkeit und die Verkümmerung der Gefühle entstanden ist. In der Stadt ist die Kontaktlosigkeit so groß, daß man in einem Hochhaus kaum seine Nachbarn kennt oder grüßt. Selbst in der kirchlichen Gemeinde gibt es wenig Gemeinschaft.

Wer nicht **in die Natur geht**, keinen Wald, keinen Baum um sich sieht, weil er zu viel arbeitet, im Stresse lebt oder sich nach der Arbeit nicht mehr zu einem Spaziergang aufrafft, erfährt auch keinen Kontakt mit den **heilenden Kräften der Natur**. Er ist zu müde und erschöpft.

Das gleiche gilt für die **Erholung vor schönen Bildern** oder durch **klassische Musik**, einen Mozart oder einen Tartini. Wie erfrischt diese Musik, wie kann sie ablenken von Streß, Ärger und sonstigen Schwierigkeiten.

Neurosen, Depressionen, Hoffnungslosigkeit belasten den Menschen so sehr, daß er den aktiven Einsatz für eine Veränderung seiner Lebensumstände nicht mehr zu leisten vermag.

Nun weiter mit Vaters Briefen an die Kinder.

Über das Glauben

Versteht recht, das Glauben, nicht den Glauben. Komme ich damit in das Gebiet der Philosophie? Nein, meine Lieben, das will ich nicht. Ich will Euch immer nur Erfahrungen mitteilen, damit Ihr aus ihnen lernt. Das Glauben-Können ist etwas so Wichtiges im Leben und wird doch so wenig geübt. Wie oft sage ich am Tage "Ich glaube". Damit wird aber in unserem Sprachgebrauch etwas Ungewisses ausgedrückt, ich weiß nicht genau, ich glaube nur. Das, was ich mit Glauben meine, soll aber etwas Gewisses, ganz Festes sein oder werden. So, wie wir in der Religion den Begriff Glauben verstehen, so möchte ich ihn weiter ausdehnen und versuchen, Euch klar zu machen, wie wichtig im Leben das Glauben ist. Wir wollen mal zunächst vom Gegenteil ausgehen, vom Negativen. Jemand, der an nichts glaubt, ist ein Verneiner, er verneint alles. Er glaubt nicht an die Schönheit, er glaubt nicht an die Menschen, er glaubt nicht an die Natur, er glaubt an keine Vorsehung, an keinen Gott. Er glaubt vielleicht nur an sich und dann ist er schon reingefallen, denn er wird mit der Zeit merken, daß auch das nichts war, dann wird er ein restloser Verneiner und unangenehmes Mitglied der menschlichen Gesellschaft. Ihr sollt glauben lernen an die Schönheit, an die Natur, an die Vorsehung einer göttlichen Gewalt, an die Menschen und schließlich und zuletzt auch an Euch selbst. Zum Glauben können gehört nach meiner Ansicht zuerst die Fähigkeit, Ehrfurcht haben zu können. Mit Recht heißt es "Furcht". Es soll ein Furchtgefühl sein, d.h. ein Gefühl, hier muß das Spotten, das Lachen, der Leichtsinn aufhören. Ich soll Ehrfurcht haben vor der Schönheit. Sei es ein Kunstwerk irgend einer Art, sagen wir, ich kenne einen erhabenen, alten Dom oder ich trete in ein harmonisches Gebäude, oder ich höre ein wohlklingendes Konzert, oder ich lese ein spannendes Buch, oder ich begegne einem schönen Menschen oder einem, der etwas Bedeutendes geleistet hat. Ich soll Ehrfurcht haben können vor der Natur in einem tiefen Wald, vor einem Gebirge, vor dem Meer, vor einer duftenden Blume, vor einem Tier. Ich soll Ehrfurcht haben vor der Vorsehung einer göttlichen Macht, auch wenn sie mir in einer Form begegnet, die ich nicht verstehe oder nicht kenne. Bin ich vor einer großen Gefahr bewahrt worden, so soll ich das nicht abtun mit "Schwein gehabt", sondern soll mir klar werden, eine höhere Gewalt hat mich bewahrt und ich soll Ehrfurcht davor haben. Ich soll auch Ehrfurcht haben vor den Menschen. Nicht vor der Masse Mensch, die ist immer der Ehrfurcht unwert, aber vor den Menschen, die um mich sind. Vor meiner Familie, vor meinen Freunden und Mitarbeitern. Denn ohne Ehrfurcht, ohne Achtung vor ihnen ist ein Zusammenleben immer schwer. Ich soll vor allem Ehrfurcht haben vor meinen Eltern und Vorfahren und damit vor mir selbst. Denn das, was ich bin, habe ich von ihnen; alle meine Gaben, meine Fähigkeiten, meine guten Seiten, meine schlechten Seiten auch habe ich von ihnen. Daher auch Ehrfurcht vor Euch selbst. Die Ehrfurcht entsteht einmal durch Erziehung, dann aber um so mehr durch eigenes Nachdenken. Ich muß verstehen, wie ist das alles entstanden, woher kommt es, daß das so ist. Ich darf mich nicht gegen die Ehrfurcht wehren, von der mein Verstand vielleicht sagt, das ist etwas, dessen man sich schämen muß. Nein, meine Lieben, der Ehrfurcht braucht man sich nicht zu schämen. Es ist keine Furcht, die eine Schande ist, sondern es ist eine Furcht vor dem, dem Ehre gebührt. Diese Furcht ist keine Schwäche, sondern eine Stärke. Und ich habe gelernt Ehrfurcht zu haben und gelernt, vor was ich Ehrfurcht haben muß, dann kann ich auch lernen zu glauben. Wer am stärksten glauben kann, ist nach meiner Ansicht einer der glücklichsten Menschen und wer am wenigsten glauben kann, ist einer der unglücklichsten Menschen. Seht Euch die Großen der Menschheitsgeschichte an, sie konnten alle fest, sehr fest glauben und dadurch wurden sie stärker als ihre Mitmenschen. Womit ich nicht sagen will, daß nur die Großen der Geschichte fest glauben konnten, aber, daß sie zu den glücklichsten Menschen gehört haben. Ich will damit nur ein Beispiel geben, wie man durch sehr starkes Glauben auch ein sehr großer Mensch werden kann; denn der Glaube allein macht noch nicht den Großen, aber wohl den Glücklichen. Und welcher Mensch möchte nicht glücklich sein? Also, meine Kinder, lernt zu glauben und laßt Euch nicht durch Enttäuschung davon abhalten, immer wieder zu glauben. Es ist eine der schönsten Gaben, die uns Menschen gegeben ist. Und ist diese Gabe nicht jedem gegeben? Nur wird sie so sehr verschieden gepflegt. Glaubt nicht jedes Kind an seine Mutter, jede Braut an ihren Bräutigam, jede Mutter an ihr Kind? Steht nicht jeder in Ehrfurcht vor einem gewaltigen Wasserfall, einem Alpenglühen, steht nicht jeder in Ehrfurcht vor der Gewalt des Todes an einer Leiche eines Menschen, der noch soeben gelebt? Steht nicht jeder nach einem Autounfall erstaunt und in Ehrfurcht auf, wenn noch alle seine Knochen heil sind? Das sind drastische Beispiele, die auch auf den Härtesten wirken, Ihr aber sollt in der Ehrfurcht und im Glauben empfindlicher sein, um mehr zu fühlen, mehr zu denken, innerlicher zu werden und damit glücklicher. Habt Ihr mich verstanden? Ein schwieriger Brief, aber ein Brief, der mir sehr am Herzen gelegen hat, ich wollte ihn schon lange schreiben. Denkt darüber nach! Und bleibt meine Lieben. Euer Vati

Bitten oder Danken ?

Jeder hat mal das Bedürfnis um irgend etwas zu bitten. Gesundheit, Fröhlichkeit, Positives Denken, Gute Reise, neue Arbeitsstelle, Gutes Wetter, Frieden in der Familie, Ausgeglichenheit, Harmonie, freundliche Nachbarn, Günstiges Urteil, mehr Energie und so fort.

Morgengebet, Tischgebet, Abendgebet, Stoßgebet, Fürbitten --- alle bitten um etwas. Wenn Ihr das Gesangbuch im Gottesdienst einmal ganz hinten aufschlagt findet Ihr viele Seiten mit vorgedruckten Bitten. Schon in dem Wort „Gebet" steckt die Wurzel des Bittens.

Dieses Bitten um Etwas hinterläßt in unserem Unterbewußtsein einen sehr großen **Mangel** den wir grade durch das Bitten beheben möchten. Wir wollen ja gesund werden, freundliche Nachbarn haben und so fort. Wenn ich um Gesundheit bitte, dann tue ich das ja nur wenn ich krank bin. Ein Gesunder wird nicht um Gesundheit bitten. Eine Bitte bewirkt also in unserem Unterbewußtsein das mir etwas **fehlt** eben ein Mangel da ist. Das Fatale ist nun das dieses **Leiden** über die Bitte noch einmal kräftig hervorgeholt und in mir **verstärkt** wird.

Es ist wesentlich wirksamer wenn wir uns nicht durch das Bitten an einen Mangel **erinnern** sondern den sicher vorhandenen Mangel überlisten, durch **positive** Gedanken der Fülle, des Wohlseins, des vorhandenen guten Arbeitsplatzes, der besten Gesundheit, der schönen Reise, des Friedens in der Familie und mit dem Nachbarn oder der starken Energie die ich für den heutigen Tag in mir fühle.

Wenn Ihr diese positiven Gedanken gleich mit einem Dank verbindet dann habt Ihr **zwei** Fliegen mit einer Klappe   erledigt.
Einmal Euer Unterbewußtsein von dem **Mangel befreit**. Es weiß also gar nichts davon. Zweitens habt Ihr Euren Schöpfer, Schutzengel, Freund oder Euch selbst gedankt für die Kraft, Harmonie oder Gesundheit die nun in Euch wirken.

Das Gleiche könnt Ihr natürlich auch für Eure Kinder, Freunde oder weitere Gelegenheiten anwenden. Nicht Bitten um Etwas sondern gleich **Danken** für Etwas.

Wunderbar kommt das ja zum Ausdruck in dem Kirchenlied das jeder von Euch kennt. „**Danke für diesen guten Morgen, danke für jeden neuen Tag** „ von Martin Gotthard Schneider 1961 für den evangelischen Gottesdienst EG 334 geschrieben.

Einige Beispiele:
Ich bitte um Gesundheit für mein Kind das sich so sehr verletzt hat.

Besser ist:
Vielen Dank das mein Kind so stark ist und eine gute Kondition hat.
Lieber Schutzengel, bitte gib mir heute Nacht einen guten durchgehenden, tiefen Schlaf.
Besser ist:
Danke Dir lieber Schutzengel daß Du mir heute Nacht einen tiefen durchgehenden Schlaf gibst und über mir wachst.
Lieber Gott bitte lindere die Hungersnöte in der Welt.
Besser ist:
Lieber Gott ich Danke Dir für Deine Hilfe daß Du allen Menschen Brot gibst.

Denkt einmal darüber nach und sprecht in Eurer Familie, mit Freunden oder anderen nahestehenden Menschen darüber. Ihr könnt auch Kopien weitergeben.
Sicher bekommt der, der sich immer benachteiligt fühlt dann zum Leben und der Umwelt eine wesentlich günstigere Einstellung als bisher.
Euer Vater, Großvater, Papa und Großpapa

Über die Pflicht

Oder über das Pflichtbewußtsein, denn um über die Pflicht sich klar zu werden, muß man zunächst ein Pflichtbewußtsein bekommen. Zunächst gehört dazu das Bewußtsein, daß es überhaupt eine Pflicht gibt. Es gibt Pflichten, die vom Staat, der Allgemeinheit uns auferlegt sind. Die Dienstpflicht, die Steuerpflicht, die Pflicht, den Gesetzen zu gehorchen usw. Es gibt aber auch Pflichten, die nicht jedem selbstverständlich sind, denen er sich entziehen kann, die er lau erfüllen kann und die er sehr ernst nehmen kann. Denken wir an die Kindespflicht, an die Berufspflicht, an die Freundespflicht und an so manche andere. Ich sagte schon, zuerst gehört dazu, daß ich überhaupt anerkenne, daß es Pflichten gibt, die mir nicht unbedingt vorgeschrieben sind, die ich mir selbst vorschreiben muß. Die Pflicht oder die Pflichterfüllung ist das, was unser Leben ausfüllt. Auch hierfür müssen wir erzogen werden und müssen uns selbst erziehen. Angenommen, ich sei ein ganz unabhängiger Mensch, stehe allein im Leben, habe zu essen, zu trinken, habe eine Wohnung, keine Zukunftssorgen, keinen Menschen, um den ich mich zu kümmern habe. Keine Pflichten also. Was tut also dieser unglückliche pflichtenlose Mensch? Er isst und trinkt und schläft. Was sonst? Ein glücklicher Mensch? Nein, ein Mensch, der tot unglücklich ist. Was wird er tun, er wird sich Pflichten schaffen. Er wird seinem Leben einen Inhalt geben müssen durch Pflichten, die er sich selbst auferlegt. Eine der schönsten Pflichten sollte es für jeden sein, für andere Sorgen zu müssen. Wie Ihr es z.B. an Eurer Mutter in der Vollendung seht. Für Euch, Jungen, steht aber im Vordergrund die Pflicht, Euch zu bilden, Euch im Beruf eine Lebensstellung zu schaffen, die Euch unabhängig macht, die Euch auf Euch selbst stellt, die Euch Pflichten auferlegt. Ihr seid also in einem Alter, wo es noch verhältnismäßig wenig Pflichten gibt, wo es mehr darauf ankommt, Euch Pflichten zu schaffen, bewußt zu schaffen. Was habt Ihr für Pflichten? Ihr habt in die Schule zu gehen, Ihr habt etwas zu lernen. Ihr habt auf Eure Sachen zu achten. Ihr habt auf Euch selbst zu achten. Ihr habt Kindespflichten Euren Eltern gegenüber und Ihr habt selbst übernommene Pflichten. Sei es Karnickel füttern, sei es Strümpfe stopfen, sei es

129

Gewehr reinigen, sei es pünktlich zu sein, oder sei es gar zu gehorchen! Oh, was glaubt Ihr, es gibt so viele Pflichten und mit jedem Jahr Eures Lebens werden es mehr; deshalb bewußt werden der Pflichten und die Pflichten erfüllen! Was sagen wir von einem Menschen als eine seiner größten Tugenden: "Er hat ein ausgeprägtes Pflichtbewußtsein". Kann man das lernen, oder hat man das eben oder hat es nicht? Ja, Kinder, man kann das lernen. Dem einen fällt das sehr schwer, dem anderen sehr leicht. Aber, ob schwer oder leicht, es gehört zu einem ordentlichen und brauchbaren Menschen dazu. Es ist überhaupt Eure erste und wichtigste Pflicht, Pflichtbewußtsein zu lernen. Was nützt mir alles Wissen, aller Reichtum, alles Können, wenn ich es aus mangelndem Pflichtbewußtsein nicht richtig anwenden kann! Je größer das Pflichtbewußtsein, desto wertvoller der Mensch. Was wären wir für ein ideales Volk, wenn alle genügend Pflichtbewußtsein hätten, wenn alle die Fähigkeit hätten, ihre Pflichten richtig zu erkennen. Und zu erfüllen. Gewiß, Pflicht ist etwas Hartes, aber sind wir auf der Welt, um nichts Hartes zu erleben? Gerade deshalb sind wir auf der Welt, um Härte zu lernen, um uns in Härte zu bewähren. Nun bekommt keinen Schrecken, das klingt so, als ob Ihr weiter nichts zu tun hättet auf der Welt, als Hartes und Schweres zu lernen und zu tragen. Nein, meine Lieben, die Pflicht soll uns etwas Schönes werden, nicht nur etwas Selbstverständliches, etwas Gewohnheitsmäßiges, sie soll uns Freude machen, uns das Leben wertvoll machen, sie soll uns erheben. Und das könnt Ihr mir glauben, es gibt nichts Schöneres, als wenn man sich sagen kann, ich habe meine Pflicht getan, so gut ich konnte. Auch Ihr werdet das schon empfunden haben. Genug über die

Pflicht, Ihr werdet mich verstanden haben. Nun habe ich in diesen Briefen Euch meist über ernste Dinge gesprochen, die Euch vielleicht als zu ernst vorgekommen sind, Euch Jungen. Darum Ihr Jungen wißt das am besten, denn Euch kommt das Leben, so wie Ihr es bisher kennen gelernt habt, nur wie ein einziges Vergnügen vor, vielleicht mit einigen, kleinen Unannehmlichkeiten. Aber ich will Euch ja auch nicht das schöne Jugendleben nehmen, ich will Euch nur stärken, Euch Erkenntnisse geben für Zeiten, wo Euch das Leben mal hart anfaßt und die kommen für jeden einmal. Und der Deubel soll Euch holen, wenn Ihr dann nicht stark seid, gewappnet zur rechten Zeit und mutig auch die lausigen Zeiten, die Reinfälle im Leben überwindet. Bis dahin bleibt weiter unsere vergnügte, oft übertolle Gesellschaft, genießt Eure Jugend, daß Ihr einmal mit Freude daran zurückdenken könnt. Das ist dann wieder die Freude des Alters. Antwortet mir mal über Fragen, die Euch interessieren, die Ihr noch besser geklärt haben möchtet, denn in dieser kurzen Briefform kann natürlich manches nur gestreift werden, kann auch manches vielleicht unklar ausgedrückt werden oder gar falsch. Denn auch Euer Vater macht Fehler. Bleibt ihm aber Freunde, wie er der Eurige ist. Euer Vati.

Über den Alltag

Für so manches Menschenkind möchte jeder Tag ein Festtag sein und doch ist für uns jeder Tag im Allgemeinen ein Alltag. Ein Festtag ist bedingt durch irgendeine Gelegenheit, die gefeiert wird, und sein Ablauf ist durch diese Gelegenheit festgelegt, bedingt und im Allgemeinen klar. Der Alltag dagegen ist nur bei denen festgelegt in seinem Ablauf, die durch ihren Beruf gezwungen sind, ihn in einer bestimmten Zeit und Form zu verbringen. Nicht so bei denen, die einen freien Beruf haben oder in der Ausbildung sind oder noch gar keinen bestimmten Beruf haben. Auch die Landwirtschaft in all ihren Formen gehört zum freien Beruf. Die erste Frage für den, der nicht berufsgezwungen ist, ist, wann soll er aufstehen? Soll er sich seinen Tag schon vorher einteilen, soll er sich treiben lassen oder soll er sich einen festen Pflichtenkreis machen, selbst bestimmen. Ich kann Euch aus meiner Erfahrung sagen, habt Ihr keinen festen Aufstehtermin, dann ist das eine heikle Sache. Es wird meist jeden Tag später mit dem Aufstehen, die besten Stunden des Tages sind vertan. Seht Euch einen Bauern an, er steht jeden morgen früh auf, weil er sonst mit der Arbeit nicht fertig wird, ebenso seine Frau. Sind wir Großbetriebe etwas anderes als die Bauern, ich sage nein! Daher auch für den Leiter des Großbetriebes die Pflicht, früh aufzustehen. Man kann das halten wie man will, aber die Erfahrung hat mich gelehrt, je mehr ich früh da bin, pünktlich, um so geregelter geht der Betrieb. Jeder auf dem Hofe weiß, der Chef ist morgens genau wie wir da. Denn auch die gesamte Gefolgschaft des Hofes möchte morgens länger schlafen, und wenn das nur der Chef kann, dann ist er eben etwas anderes, etwas nicht dazugehörendes, etwas von vornherein Fremdes. Und das ist der wesentliche Punkt, der Chef soll nicht in unerreichbarer Ferne und Fremde, er soll wenigstens erreichbar, sprechbar sein und zwar regelmäßig in der Frühe. Und dieses Zusammenarbeiten, Zusammengehören, wird erst klar und deutlich, wenn der Chef auch selbst jedem seine Arbeit zuweist, er hat dadurch den stärksten Einfluß auf alle. Ich habe lange

Jahre mit Inspektoren gearbeitet, aber erst seitdem ich es nicht mehr tue, habe ich das Gefühl, daß ich mit meinen Leuten wirklich zusammengehöre und umgekehrt scheint mir dasselbe Gefühl vorhanden zu sein. Und das ist wichtig. Also Schlußüberlegung, das Aufstehen muß geregelt sein, es darf sich nicht nach der jeweiligen Laune richten. Man kann wohl Jahreszeit gemäße Änderungen machen, aber in der Hauptarbeitszeit muß das Aufstehen früh sein, zusammen mit allen anderen. Und so ist es auch mit dem übrigen Tag. Er muß geregelt sein nach dem Ablauf der Arbeit des Betriebes, nicht nach anderen Grundsätzen oder Gedanken. Der Betrieb ist das Vordringliche, das Wichtigste, er schreibt den Alltag vor. Auch für die Kinder? Jawohl, auch für die Kinder, die so weit sind, daß sie irgendwie im Betrieb mit eingegliedert werden können. Wer auf Urlaub ist, ist auf Urlaub, aber wer zu Hause ist, gehört in irgendeiner Form zum Betrieb und ist von seinem Gange abhängig. Er lebt ja vom Betriebe, will sogar Geld vom Betriebe haben, zum mindesten Nahrung, Kleidung, Schlafstelle. So ist der Alltag für uns also völlig durch den Gang des Betriebes vorgeschrieben und geregelt. Wer sich dem entzieht, ist ein Fremdkörper im Betriebe und wird sich früher oder später ganz von 130 ihm lösen. Darüber müßt Ihr Euch klar sein. Wer nur Nutznießer des Betriebes ist und in keiner Weise mithelfen will, der hat auch keine Daseinsberechtigung im Betriebe. Er wird sich auch in ihm nicht wohlfühlen. Ihm fehlt das Gemeinschaftsgefühl des Betriebes. Also ist die Frage des Alltags insofern klar, als wir trotz des freien Berufes doch nicht frei sind, und unser Alltag genau wie in anderen Berufen fest vorgeschrieben ist mit der Freiheit allerdings - und das ist das Schöne an unserem Beruf - daß nicht der ganze Tag in Stunden oder Minuten festgelegt ist, sondern hier sind genug Freiheiten, die wir uns nehmen können. Aber oberstes Gesetz des Alltags muß der Gang des Betriebes sein und bleiben. Nach Jahren wieder einmal, ein Brief, Themen gäbe es noch in Hülle und Fülle, aber die Muße, darüber nachzudenken fehlt in dieser unruhigen Zeit. Eine Sonnabendüberlegung veranlaßte mich zu diesem Brief. Einen Gruß! Euer Vati.

Lieder die alle kennen sollten

Weihnachtslieder

Alle Jahre wieder kommt das Christuskind
Am Weihnachtsbaum die Lichter brennen
Auf dem Berge da geht der Wind
Der Christbaum ist der schönste Baum
Es ist ein Ros entsprungen
Es ist für uns eine Zeit angekommen
Es kommt ein Schiff geladen
Gelobet seist Du Jesu Christ
Ich bin der kleine Weihnachtsmann
Ihr Kinderlein kommet
In dulci jubilo
Joseph lieber Joseph mein
Kling Glöckchen kling
Kommet Ihr Hirten
Laßt uns froh und munter sein
Leise rieselt der Schnee
Lobt Gott Ihr Christen alle gleich
Macht hoch die Tür
Maria Durch Ein Dorn Wald ging
Morgen Kinder wird's was geben
Morgen kommt der Weihnachtsmann
O Du Fröhliche
O Heiland reiß die Himmel auf
O Tannenbaum
Stille Nacht Heilige Nacht
Süßer die Glocken nie klingen
Vom Himmel hoch da komm ich her
Vom Himmel hoch o Englein kommt

Zusammengestellt für unsere Kinder
Ratingen den 10.09.1983

Volkslieder

Das Schwarzbraune Bier
Ade zur guten Nacht
Alle Vögel sind schon da
Als wir jüngst in Regensburg
Am Brunnen vor dem Tore
Auf der Lüneburger Heide
Auf einem Baum ein Kuckuck saß
Auf du junger Wandersmann
Bonanox bist a rechter
Bruder Jacob
Bunt sind schon die Wälder
Burschen heraus
Das Wandern ist des Müllers Lust
Deutschland, Deutschland
Der Kuckuck und der Esel
Der Mai ist gekommen
Der Mond ist aufgegangen
Der Winter ist vergangen
Die Gedanken sind frei
Die helle Sonn leucht jetzt
Dort Saleck hier die Rbg.
Ein Heller und ein Batzen
Ein Jäger aus Kurpfalz
Ein Jäger längs dem Weiher ging
Ein Männlein steht im Walde
Ein Vogel wollte Hochzeit
Es blies ein Jäger wohl in
Es es es

Es ist ein Schnitter heißt der Tod
Es klappert die Mühle am rauschenden Bach
Es tanzt ein Biba-Butzemann
Es waren zwei Königskinder Flamme empor
Fuchs du hast die Gans gestohlen
Gold und Silber lieb ich sehr
Guten Abend gute Nacht
Hab mein Wage voll gelade
Herner Katreinerle
Hejo, spann den Wagen an
Hier sind wir versammelt
Hopp, hopp Pferdchen lauf Galopp
Horch was kommt von draußen rein
Ich weiß nicht was soll es bedeuten
Ich heff mal en Hamborger Fermster
 Im Früh tau zu Berge wir ziehen
Im Märzen der Bauer die Rößlein anspannt
Im Krug zum grünen Kranze
Im schwarzen Walfisch zu Ascalon
Im Wald und auf der Heide
In dulci Jubilo
Jetzt fahrn wir übern See
Jetzt fängt das schöne Frühjahr an
Keinen Tropfen im Becher mehr
Kein Feuer, keine Kohle
Kein schöner Land in dieser Zeit
Komm lieber Mai und mache
Kuckuck, Kuckuck rufst aus dem Wald
Laßt nur der Jugend ihren Lauf
Lobe den Herrn
Lustig ist das Zigeunerleben
Mein Hut hat drei Ecken
Muß i denn zum Städle hinaus

Nun Ade du mein lieb Heimatland
Nun will der Lenz uns grüßen
0 du lieber Augustin
0 alte Burschenherrlichkeit
Sah ein Knab ein Röslein stehn
Schwarzbraun ist die Haselnuß
Summ Summ Summ Bienchen summ herum
Trarira der Sommer der ist da
Trara das tönt wie Jagdgesang
Und in dem Schneegebirge
Und wenn sich der Schwarm verlaufen hat
Wem Gott will rechte Gunst erweisen
Wenn alle Brünnlein fließen
Wenn die bunten Fahnen wehen
Weißt du wie viel Sternlein stehn
Wer recht in Freuden wandern
Wer nur den lieben Gott läßt walten
Winter ade, scheiden tut weh
Wohl auf die Luft geht
Wohl auf in Gottes schöne Welt
Wohl auf Kameraden, aufs Pferd
Wütend wälzt sich einst im Bette
Zeigt her eure Füße zeigt her eure Schuh

Ratingen im Februar 1982

Studentenlieder

Ade nun zur guten Nacht
Als die Römer frech geworden
Burschen heraus, laßt es schallen

Das Bonn Lied
Das Lied der Deutschen
Das Lied der Pfalz, Hoch bei Kaub
Das Schwarz braune Bier,
Dudeldei
Die Gedanken sind frei
Die Internationale
Die Ritter von der Gemütlichkeit, und wenn der Schwarm
Ein Heller und ein Batzen
Ein Jäger aus Kurpfalz
Freude schöner Götterfunken
Gaudeamus igitur,
De brevitate Gold und Silber lieb ich sehr
Hier sind wir versammelt zu löblichen Tun
Horch was kommt von draußen rein
Im Krug zum grünen Kranze
Im Wald und auf der Heide
Im schwarzen Walfisch zu Ascalon
Fein Feuer keine Kohle Keinen Tropfen im Becher mehr
Krambambuli das ist
Kurfürst Friedrich, wütend wälzt
Mit dem Pfeil dem Bogen
Muß i denn, Muß i denn
O alte Burschenherrlichkeit
O wie wohl ist mir am Abend
Palatia, dir gehör ich
Prinz Eugenius der edle Ritter
Rheinlied, strömt herbei
So pünktlich zur Sekunde
Student sein, wenn die Veilchen
Was kommt dort von der Höhe, Fuchsritt
Wem Gott will rechte Gunst erweisen

Wohl auf die Luft geht frisch und rein
Wohl auf Kameraden, aufs Pferd, Reiterlied

Kinderlieder

Horch, was kommt von draußen - Volksdichtung
Ade nun zur guten Nacht - Volksdichtung
Es klappert die Mühle am rauschenden Bach - Ernst
Anschütz Schlaf, Kindlein, schläft – Volksdichtung
Der Mond ist aufgegangen - Matthias Claudius
Guten Abend, gute Nacht - Johannes Brahms, Georg
Scherer Weißt du wie viel Sternlein stehen - Wilhelm
Hey
Der Mai ist gekommen - Volksdichtung
Alle Vögel sind schon da - Hoffmann von Fallersleben
Kuckuck, Kuckuck ruft aus dem Wald - Hoffmann von
Fallersleben
Bunt sind schon die Wälder - G. von Salis
O du lieber Augustin - Volksdichtung
Jetzt fahrn wir übern See - Volksdichtung aus Böhmen
Ringel, Ringel, Reihe - Volksdichtung
Heißa, Kathreinerle - Volksdichtung aus dem Elsaß
Zeigt her eure Füßchen - Volksdichtung
Fuchs du hast die Ganz gestohlen - Ernst Anschütz
Ein Vogel wollte Hochzeit machen - Volksdichtung
Back, backe Kuchen - Volksdichtung
Morgens früh um sechs - Volksdichtung
Alle meine Entchen - Volksdichtung
Widdiwenne - Volksdichtung
ABC, die Katze läuft im Schnee - Volksdichtung aus
Sachsen Hänschen klein ging allein - Volksdichtung
Ein Männlein steht im Walde - Hoffman von Fallersleben
Laterne, Laterne - Volksdichtung

Der Kuckuck und der Esel - Hoffmann von Fallersleben
Summ, summ, summ, Bienchen, summ herum - Hoffmann von Fallersleben
Häslein in der Grube - Volksdichtung
Maikäfer flieg - Volksdichtung
Hopp, hopp, hopp Pferdchen lauf Galopp - Karl Hahn
Das Wandern ist des Müllers Lust - Wilhelm Müller
Lustig ist das Zigeunerleben - Volksdichtung
Wem Gott will rechte Gunst erweisen - Joseph von Eichendorf Trara das tönt wie Jagdgesang - Volksdichtung Kanon
Große Uhren gehen: tick tak - Karl Karow
O wie wohl ist mir am Abend - Volksdichtung
Bruder Jakob - Volksdichtung Kanon aus Frankreich
Gretel Pastetel - Volksdichtung Kanon

Für die Enkel Ratingen den 20.10.2008 93

Musikbeispiele

Nachfolgend die nach harmonischen, starken Themen und Melodien ausgesuchten ca. 500 Musikbeispiele, die hervorragend den oben beschriebenen göttlichen, volltönenden Gesetzen folgend, komponiert sind.

Albinoni, Tomaso 1671- 1750
Konzert/Sinfonie/Trompete Oboe - - CDLi
Trompetenkonzert Adagio in DMoll DDur Op. 2 Nr. 6 69
Sonata für Streicher CMoll Op. 2 Nr. 4 95 Konzert für
Violine GDur Op.10 Nr. 4 BS 100 Konzert Oboe CDur

Albrechtsberger, Johann Georg 1736- 1809
Quartett Fuge CDur CDLi Konzert BDur
Abel, Karl Friedrich Sinfonie SDur Op. 8 Nr. 6 94 Ort

Bach, Johann Sebastian 1685- 1750 Konzert für Violine AMoll Nr. 1 BWV " EDur Nr. 2 " und Oboe DMoll 1063 6 " Cembalo CMoll 6 " Trompete DMoll 2 Brandenburgische 1 bis 6 103 Sinfonie Flöte aus Kantate 209 Monza quese MMoll 209, BWV 37 Sinfonie aus Kantate Wir danken Dir Gott 29 3 Kantate, Choral 140 Trio Sonate DMoll Nr. 3 527 GDur Nr. 6 530 11 Pli Toccata und Fuge DMoll 565 Fantasie GDur 572 Pastorale FDur 590 46 Sonate GMoll 1029 11, 64 Ouvertüre DDur Nr. 3 1068
Bach, Johann Sebastian Menuett aus Suite Nr. 2 4 Arie die Post 7 Fantasie und Fuge CMoll Präludium und Fuge AMoll 85 " für Cembalo DMoll 60 Sonate für Flöte EMoll 104 Konzert für Cembalo und Orchester CDur CDLi Orgel BWV " Wachet auf ruft uns d. Stirn 645 "

Präludium und Fuge AMoll 543 " O Mensch bewein Dein Sünd 622 " Fantasie und Fuge GMoll 542 " Schmück Dich o liebe Seele 654 " Passacaglia CMoll 582 96 Ort Komponist gelebt von/ bis Stück Dur / Moll Verz. Bem. " Bach, Johann Sebastian Sonate I EDur 525 " Sonate II CMoll 526 " Sonate III DMoll 527 " Sonate IV EMoll 528 " Sonate V CDur 529 " Sonate VI GDur 530 CDH Orgel Präludium 552 " 542, 645, 639, 565, 549, 654, 529, 593, 653, 546 " Toccata und Fuge DMoll 565 " CDur 564 " FDur 540, 538 89

Bach, Carl Philip Emanuel 1714- 1788 Sinfonie Bach Werke V. SDur Nr. 2 33 Sinfonie FDur Nr. 3 BS 37 DDur 48 EMoll 89 DDur 1008/ 131 97
Bach, Carl Philip Emanuel Concerto für Oboe SDur 80 Trio für Laute HMoll Traverso Violine Wortkann Verzeichnis 143 98 Konzert FDur

Bach, Johann Christoph Friedrich 1732- 1795
Bruder von Johann Christian
Sinfonie FDur Op. 3 Nr. 5

Bach, Johann Christian 1735- 1782 Konzert FDur Op. 13 Nr. 3 30 Konzert für Klavier und Streichorchester SDur Op.7 42 Sinfonie GMoll Op.6 Nr. 6 34 Sinfonie SDur Op. 18 Nr. 1 36 BDur Op. 18 Nr. 2 69 DDur Op. 18 Nr. 4 97 ADur Op. 18 Nr. 6 104 SDur Op. 3 Nr. 3 85 Sinfonietta CDur 54, 68 Sonate DDur Op. 5 Nr. 2 51 Präludium und Fuge für Cembalo CMoll 69

Bach, Johann Christian Ouvertüre zur Oper La clemenza die Sipione CDLi

Bach, Wilhelm Friedemann 1710- 1784 Sinfonie FDur Falk BV 67 99 CDLi

Barbirolli, John 1899- 1970 Konzert nach Pargolesi CMoll 9

Beethoven , Ludwig van 1770- 1827 Sinfonie CDur Op.21 Nr. 1 Eroico Es Dur Op. 55 Nr.3 4 CMoll Nr. 5 6, Pl Nr. 7 Klavierkonzert CDur Op. 15 Nr. 1 20 " BDur Op. 19 Nr. 2 11 " CMoll Nr. 3 8 " GDur Nr. 4, Nr. 5 Quartett DDur Op.18, Nr. 3 " CMoll Op.18, Nr. 4 102 Klavier Frühlings Sonate FDur Op. 27 " Es Dur Op. 12 Nr. 3 102 Klavier Frühlings Sonate AMoll Op. 23, Nr. 4 8, Pl Patetique CMoll Op. 13 Nr. 8 Mondscheinsonate Cis Moll Op. 27 Nr.2 22 Beethoven, Ludwig van Mondscheinsonate Es Dur Op. 21 Nr.3 22 Appassionata Op. 57, Nr. 23 88, Pl Konzert für Violine DDur Op. 61 BS 94 Rondo für Klavier und Orchester BDur 82 Barsandini, Francesco Sonate für Flöte GMoll 5 Bartok, Bela 1881- 1945 Rumänische Tänze 103 Bassanti, Francesko Concetto Grosso DDur Op.3, Nr. 10 89 Bellini, Vincenzo 1801- 1835 Konzert Streicher Oboe SDur CDLi Oboen Konzert EDur 101 30

Biber, Heinrich Ignatz Franz 1644- 1704 Sonata für Violine und basso continue FDur Nr. 3 82

Bizet, George Larisienne Suite aus Musika zum Schauspiel von Lenfens Dodet Nr. 1 48

Boccherini, Luigi 1743- 1805 Cello Konzert DDur Op. 34 Sonate EMoll Op.50 Nr.3 Konzert CDur Nr.4 50

Konzert für Flöte und kleines Streichorchester weiter Cellokonzert BDur 71

Boely, Jean Francois 1739- 1814 Konzert für Harfe CDur 42

Bononcini, Giovanni Battista 1670- 1747 Sinfonie für 2 Trompeten mit Moris Andree Op. 3a B15

Bonpart Rezitativ FDur 102 92

Boyce, William 1711- 1779 Sinfonie CDur Nr. 3 68 Sinfonie FDur Nr. 6 weiter Sonate DMoll Nr. 7 B5

Brahms, Johannes 1833- 1897 Ungarische Tänze 1-7 B 13 Konzert Violine u. Orchester DDur B 17 Bruch, Max 1838- 1920 Violinkonzert B 19 Konzert für Violine und Orchester G Moll Op. 26 Nr.1 104 Romanze Op. 42 CDLi
Buxtehude, Dietrich 1637- 1707 Orgel Präludium GMoll Bux 149, 223, 146, 197, 139, 211, 137, 183, 140, 199, 142, 178 Bux 145, 153, 174, 161, 160, 154, 171, 203, 182, 155, 218, 156, 207 104

Cannabich, Christian II/304 Sinfonia Concertante für Flöte CDur 103

Chavriet, Emanuel Havanera 38

Cherubini, Luigi 1760- 1842 Sinfonie DDur

Chopin, Frederic 1810- 1849 Klavierkonzert EMoll Op. 11, Nr. 1 Polonaise CisMoll Op. 261, Nr. 1 32/71

Cimarosa, Domenico 1749- 1801 Sinfonie für Flöte GDur CDLi Oboen Konzert CDur 82 Clementi, Muzio Sinfonie BDur Op. 18 84 Couperin, Amanliu Suite aus dem 1. Buch de piece ceapsaint BDur BMoll

Couperin, Francois 1668- 1733 Imperiale für 2 Violinen 104

Corelli, Arcangelo 1653- 1713 Concerto Grosso DDur Op.6, Nr.1 52 Concerto Grosso BDur Op. 6, Nr. 1 25/99 Concerto Grosso, Weihnachtskonzet GMoll Op. 6, Nr.8 35/44 Concerto Grosso SDur Op. 6, Nr. 12 31/56 Sarabande für Streichorchester 62 Concerto Grosso FDur Op.6, Nr. 6 63 Trio Sonate FDur Op.2, Nr. 7 65 Concerto Grosso FDur Nr.12 86 Concert DDur Op.6, Nr.4 91 Concerto Grosso BDur Op. 6, Nr.11 CDLi Concerto FMoll Nr. 8 Opernkonzert ADur 71

Crussel, Bernhard Henrik 1775- 1838 Sinfonia Concertante für Klarinette BDur Op. 3 B 10

Csermack, Antal Gyorgy 1774- 1822 Streichquartett 105 Ort Komponist gelebt von/ bis Stück Dur / Moll Verz. Bem. B7 Dall

Abaco, Evaristo Felice 1675- 1742 Konzert EDur Op.6 Nr. 2 B13 Konzert HMoll Op.2 Nr. 8 58 Konzert FDur Op. 6 Nr. 6 60 Konzert FDur Op. 6 Nr. 3 81/2 Konzert EDur Op. 6 Nr. 2 103 Konzert Streicher HMoll Op.2 Nr. 8 37

Danzi, Franz 1763- 1826 Flötenkonzert GDur Op. 30 Nr. 1 55 Quartett für Flöte DDur 68 Konzert DMoll Nr. 2 72 Sinfonie GDur

Dittersdorf, Karl Ditters von 1739- 1799 Ouvertüre zu Lester Ossia 31 Donizetti,

Gaetano 1797- 1848 Sinfonie DMoll 89 Quartett DDur 106 Ort Komponist gelebt von/ bis Stück Dur / Moll Verz. Bem. 39/56

Dusek, Frantisektauer 1731- 1799 Schüler von Wagenseil und Mozart, Sinfonie SDur BS B16

Dvorak, Antonin 1841- 1904 Slavische Rhapsodie 66 Rhapsodie AMoll Op. 14 66

Endler, Johann Samuel 1700- 1762 Ouvertüre DDur Nr. 7 42

Fasch, Johann Friedrich 1688- 1758 Konzert für Oboe und Streicher GDur 95 Konzert für Flöte GDur 90 Sonate, 2 Violinen DMoll 100 Trompetenkonzert DDur CDLi Konzert für Oboe und Streicher DMoll CDLi

Fiorillo Federigo 1755- 1823 Sinfonia Concertante FDur

Frank, Caspar Konzert HMoll Op. 11, Nr. 2 107. B28

Friedrich der Große 1712- 1786 Flötenkonzert CDur 98 Sinfonie GDur Nr. 1 67

Froberger, Johann Jacob 1616- 1667 Suite für Cembalo ADur Nr. 15 weitere Capriccio Nr. 13 Fantasia Nr. 17 Toccata Nr. 2 Concert Nr. 11 Ricercare Nr. 11

Gassmann, Florian Quartett DMoll Nr. 3 90/B 15

Geminiani, Francesco 1680- 1762 Concerto Grosso Violine GMoll Nr. 12 BS 71 ADur Nr. 9 nach Corellis la folie 3/4 Op. 5 56 Golabeck, Jacob Sinfonie CDur 108

Graun, Michael Gottlieb Ouvertüre DMoll 101

Graun, Johann Gottlieb Konzert für Violine CMoll 31/45

Gretriy, Andre Ernest Modest 1741- 1813 Sinfonie GDur Op. 3 Nr. 1 45/31 Sinfonie GDur Op. 3 BS B14

Gyrwetz Symphonie Es Dur Op. 8 102

Händel, Georg Friedrich 1685- 1759 Wassermusik Suite Feuerwerksmusik GDur Nr. 3 7,82 Ouvertüre zu Ottone 74 Ouvertüre zu Alexanderfest 40 Orgelkonzert GMoll Op. 4 Nr. 4 3 Orgelkonzert GMoll Op. 4 Nr. 9,10,11, 12 91 Konzert Orgel und Trompete DDur 3 Hornkonzert 109 33
Händel, Georg Friedrich Oboen Konzert B - Dur Nr. 1 Oboen Konzert B - Dur Nr. 2 Oboen Konzert G - Moll Nr. 3 82 Konzert F - Dur Op. 6, Nr. 9 97 Doppelkonzert für Horn F - Dur Nr. 3 81,52 Concerto Grosso Flöte B - Dur Op. 3 Nr. 1 15,44 B - Dur Op. 3, Nr.2 59,64 B - Dur Op. 3, Nr.2 88 F - Dur Op. 3, Nr. 4 45 D - Moll Op. 3, Nr. 5 87 D - Dur Op. 3 Nr. 6 63 E - Moll Op. 6, Nr. 3 33 G - Moll Op. 6, Nr. 6 34 Op. 6, Nr. 10 77 A - Dur Op. 6,

Nr. 11 80 Horn S - Dur CD - Li Concerti Grossi Op.6, Nr. 1 und 2 110 Feuerwerksmusik Concerti Grossi Op.6, Nr. 3,9,10,1 1,12 Larghetto from serse Trompetenkonzert BDur Larghetto from serse Trompetenkonzert DDur

Haydn, Joseph BDur PL,23 ,3 für Trompete SDur 73 für Flöte FDur ? Streichquartette Lerchen Quartett DDur Op. 64, Nr.5 16 Reiterquartett GMoll Op.74, Nr. 3 CDLi Konzert DDur PL Divertimenti für Flöte und Streicher 16,55 Für Cembalo und Violine FDur 70 für Horn DDur 37 Eine Macht eine Dienerin Maria 87 Berenitsche kefay Cantate CDLi Hornkonzert DDur Nr. 1 111 Ort Komponist gelebt von/ bis Stück Dur / Moll Verz. Bem.

Hamal, Henri 1744- 1820 Largoaus Konzert DDur

Hasse, Johann Adolf 1699- 1783 Orgelkonzert, Concerto FDur Nr. 1, 5 GDur Nr. 3 6

Haydn, Joseph Symphonie GDur Nr. 94 DDur Nr. 104 Hornkonzert EDur B3
Haydn, Joseph le midi C - Dur Nr.7 16 Nr. 8 10 La Passion Es - Dur Nr.9 53 B - Dur Nr.35 60 C - Dur Nr.38 40/74 S - Dur Nr.43 86 F - Moll Nr.49 15 G - Dur Nr.88 16 Imperiale D - Dur Nr.53 84 D - Dur Nr.57 65 D - Dur Nr.61 47 F - Dur Nr.67 50 B - Dur Nr.68 33 Nr.84 65 B - Dur Nr.85 7,32 D - Dur 15 G - Dur Nr. 89 113 95, B8 Haydn, Joseph mit Paukenschlag B - Dur Nr. 98 62 Paukenwirbel S - Dur Nr.103 Pl Die Uhr D - Dur Nr. 101 Pl London D - Dur Nr. 104 Pl B - Dur Op.84 1 Schulmeister S - Dur 105 Sonate für Klavier G - Dur RBV IV/6 102 Trio für Flöte G - Dur RBV 47 72 Trio für Flöte D - Dur 4 Nr.11 DBV 96 Adagio Klavier F - Dur

17 Nr. 9 Pl, 70 Konzerte für Cello D - Dur Op.101 , Nr. 1 45 für Cello C - Dur Nr.7 B1 34 für Violine G - Dur 61 für Violine C - Dur 56 für Cembalo D - Dur BS 56 für Oboe C - Dur 114
Haydn, Joseph 1732- 1809 Sinfonien FDur Nr. 5 Prager Verz. 46/88 le Matin DDur Nr.6 112

Haydn, Michael 1737- 1806 Sinfonien ADur PVZ 33 53/93 DDur PVZ 42, BS 77 DDur 52 78 GDur 53 ach Konzert von J.Ch. Bach GDur 81 Konzert für Violine BDur 3 Konzert Allegro DDur

Helmich, Johann Christian 1694- 1758 70 Roman Orchester Suite aus Drating Helms Musiquen B3
Hertel, J.W. 1727- 1789 Konzert Larghetto Es Dur 82

· Hoffmeister, Franz Anton 1754- 1812 Musikalienhändler, seichte, leichte Musik, Quartett für Flöte ADur B3

Hummel, Johann Nepomuk 1778- 1837 Konzert nur Andante Es - Dur B23 S Konzert für Trompete und Orchester, C.D. Reinhart Trompete Es - Dur Münchner Philharmonie 38 Konzert für Fagott und Orchester 48 Konzert für Mandoline BDur CDLi Trompetenkonzert EDur 115

Kiel, Friedrich August 1821- 1885 Konzert für Flöte GDur 52/81

Kramar, Frantisek Vincence 1759- 1831 Sinfonia DDur 64

Kraus, Joseph Martin 1756- 1792 Sinfonie DDur 80 Sinfonie CMoll weitere Violin Konzert CDur 37 Krebs, Johann Ludwig 1713- 1780 Gitarrenkonzert GDur 82 (Schüler von J.S. Bach) Sonate für Flöte GDur B10

Leclair, Jean Marie 1697- 1764 Konzert GMoll B28 Konzert für Oboe und Streicher CDur Op. 7.3 31 Konzert für Violine und Orchester DMoll 37/28 Konzert Violine CDur Op. 73 BS 87 Konzert CDur Op. 3

Liszt, Franz v. 1811- 1886 Ungarische Rhapsodie 2,5,6,12,15 Ungarische Rhapsodie 1,2,3 und 6 78

Locatelli, Pietro - Antonio 1695- 1764 Introduktion Theatrale DDur Op. 4, Nr.1 15 Concerto Grosso für 4 Violinen FDur Op. 7, Nr.12 85 Concerto Grosso CMoll Op. 1, Nr. 11 96 Concerto Grosso GMoll Op.1, Nr. 12 CDLi Concerto Grosso Op.3, Nr. 2

Loeillet, Jean-Babtiste 1680- 1730 Sonate GDur 47 Ouvertüre und Suite, Comedy Ballais de Burguis Gentillhorn B28

Marcello, Alessandro Konzert für Oboe und Streicher DMoll CDLi
Marcello, Benedetto 1686- 1739 Oboen Konzert DMoll Sonate Op.2, Nr. 11 117

Mozart, Wolfgang Amadeus 1756 - 1791 Sinfonie B - Dur Nr. 5 K.V. 22 68 Konzert G - Dur Nr. 4 41 66,44 Sinfonie F - Dur 43 54 C - Dur 73 74 G - Dur 74 73 F - Dur 75 43 G - Dur 81 62 G - Dur 110 Sinfonie F - Dur Nr. 13 112 52 Konzert A - Dur Nr. 14 114 36 Sinfonie B

- Dur BS 119 58 Divertimento F - Dur Nr. 3 138 92 Konzert D - Dur 175 87 Sinfonie A - Dur 201 72 Violinkonzert Nr. 1 207 Nr. 2 211 G - Dur Nr. 3 216 118 Mozart, Wolfgang Amadeus Violinkonzert DDur Nr. 4 218 ADur Nr. 5 219 6 Konzert Lützow CDur 246 85 Divertimento FDur 247 Haffner Serenade Es Dur 250 Kontratanz 101,26 7 Klavierkonzert Es Dur 271 36 Flötenkonzert CDur 299 70 Sonate für Klavier GDur 301 10 Flötenkonzert GDur 1 313 DDur 2 314 34 Konzert Rondo DDur 328 Klaviersonate ADur 331 77 Divertimento Salzburger Sinfonie 2 BDur 337 37 Märsche DDur 335 21 Konzertante Sinfonie Oboe Violine 364 65 Konzert für Horn SDur 371 62 Rondo CDur 373 119

Mozart, Wolfgang Amadeus Sonate für Klavier und Flöte BDur 378 Sinfonie Haffner DDur Nr. 35 385 86 Konzert Rondo 386 92 Fantasie für Klavier DMoll 399 39,64 Sinfonie CDur Nr. 36 425 59 CDur Nr. 36 426 1 Messe CMoll 427 Streichquartett, Jagdquartett BDur 458 31 Klavierkonzert DDur 459 Klavierkonzert DMoll 466 Klavierkonzert ADur 488 25,78 Klavierkonzert CDur Nr. 25 503 11 Sinfonie Prager S DDur 504 14 Eine kleine Nachtmusik GDur 525 63 Sechs deutsche Tänze 536 6 Krönungskonzert DDur 537 12 Sinfonie Jupiter CDur Nr. 41 551 25,86 Klavierkonzert BDur Nr. 27 595 120

Mozart, Wolfgang Amadeus Konzert für Klarinette ADur 622 16 Linzer Sinfonie 16 Hornkonzert SDur 35 Ouvertüre und Ballett zur Oper Idomeo 53 Sinfonie DDur 59 Sinfonie Neue Lambacher GDur CDH Hornkonzert Es Dur Nr. 3 447 Hornkonzert DDur Nr. 1 412 Oboen Konzert CDur 314 Sonate AMoll 310 Sonate ADur 331 Sonate CDur 545 Sonate DDur 576 Menuett DDur 355 Ouvertüre Figaros Hochzeit 492 Klaviersonate

CDur Nr. 15 C 545 Serenade GDur Nr. 13 K 525
Serenade Nottur DDur D 239 121
Mozart, Wolfgang Amadeus Klaviersonate G - Dur Nr. 5
G 283 Klavierkonzert D - Dur Nr. 26 D 537
Klarinettenquintett A - Dur A 581 Hornkonzert Es Dur
Nr. 4 E 495 Klavierkonzert C - Moll Nr. 24 K 491
Klavierkonzert E - Dur Nr. 9 K 271 Klavierkonzert G -
Dur Nr. 17 453 Orchesterkonzert D - Dur 191
Konzertante Sinfonie E - Dur 297 b Konzert E - Dur Nr.
21 467 Lodron Nachtmusik Nr. 1 247 CD - Li
Symphonie Prager Nr. 38, 40 Prager D - Dur 504 GMoll
Nr. 40 550 Symphonie G - Moll Nr. 25 183 Konzert für
Fagott B - Dur 191 Konzert für Violine D - Dur Nr. 4
218 Symphonie Haffner D - Dur Nr. 35 385 122
Mozart, Wolfgang Amadeus Linz CDur Nr. 36 425
Prager DDur Nr. 38 504 EDur Nr. 39 543 GMoll Nr. 40
550 Jupiter CDur Nr. 41 551 Oboen Konzert CDur 285 D
Phantasia CMoll 475 Sonate CMoll 457 Thema FDur 54
Menuett FDur 2 Klavierstück BDur 15 Sonate GDur 283

Mozart, Leopold 1719- 1787 Vater von W.A. Mozart
B23 S Konzert Solotrompete, 2 Hörner, Frau C, D.
Reinhart, Münchner Phil. DDur 30 Sinfonie GDur 44
Divertimento BDur BS 46 Divertimento DDur 123 Ort
Komponist gelebt von/ bis Stück Dur / Moll Verz. Bem.
CDLi
 Mozart, Leopold Konzert Sinfonia da Caccia für 4
Hörner GDur

Mareau, Marin Le foliet de e´spanie für Flöte B3 Martini,
G.B. 1706- 1784 Toccata 80

Matteis, Nicola 17. Jahrh. Suite in E für Violine und Basso Kontinuo, aus The Kingston Musik 39 Mao, Anton Sinfonia CMoll Nr. 4 CDH

Mendelssohn Bartholdy, Felix 1809- 1847 Violinkonzert EMoll Op. 64 30 Jugendsinfonie DDur Nr. 2 47 Jugendsinfonie Nr. 9 Pl Die Italienische ADur Op.90, Nr. 4 Pl,1,1 9 Konzert für Violine EMoll Op. 64 BS 9 Sonate für Cello, Klavier DDur 14 Oktett für Violine EDur Op.100 124

Mercadante, Saverio 1795- 1870 Sinfonie über Sabbat Marta von Rossini 78 Konzert für Flöte und Orchester DDur 61 Mirjewski, Adam Zwei Cancomen B 27

Molter 1695- 1765 Konzert Azur, Klarinette 57

Monn, Mathias G. 1717- 1750 Konzert BDur weiter Cello Konzert GMoll 103 Sinfonia HDur 38

Muffat, Georg 1653- 1704 Sonata EMoll Nr. 4 59 Concerto Grosso ADur Nr. 2 77

Neefe, Christian Gottlob 1784- 1798 Variationen aus dem Priestermarsch der Zauberflöte CDLi Pachelbel Canon Gigue 125

Paganini, Niccolo 1782- 1840 Violinkonzert DDur Op. 6, Nr. 1 B3 Violinkonzert HMoll Op. 7, Nr. 2 B 21 La Camanella für Violine und Orchester B21 L Prima Vera (Frühling) Sonate für Violine und Orchester ADur B 23 S Für Violine und Orchester AMoll Nr. 5 Ma estosa Sonata sentimentale Salvatore Accardo Violine London Phil. Hymne Joseph Haydns, Gott erhalte Franz der Kaiser

Pisendel, Johann Georg 1687- 1755 Konzert Violine, Streicher, Bass, Konzert in D Es - Dur B 4

Purcell, Henry 1659- 1695 Trompet Voluntry 40 Suite für Orchester The guardian Nut 50 Suite aus "The married beau" 95 Sonate für Streicher DDur B 28

Quantz, Johann Joachim 1697- 1773 Flötenkonzert GDur 126
Quantz, Johann Joachim Flötenkonzert EMoll 83 Konzert für Flöte und Streicher GDur CDLi Rignini,

Vincenzo 1756- 1812 Oboen Konzert CDur 46/83

Rossini, Gioacchino 1792- 1868 Sonata a Quattro GDur Nr. 1 ADur Nr. 2 BS 97 CDur Nr. 3 50/58 Introduktionen für Klarinette CDur 68 Sonata a Quattro SDur Nr. 5 73 Serenade SDur 73 Sonata GDur Nr. 1 73 Quartett für Flöte aus der Ouvertüre zum Barbier von Sevilla FDur Serenata per piclo complesso SDur Sonata a Quattro für 2 Violinen GDur Nr. 1 82

Rossi, Michelangelo Toccata für Cembalo D-Moll 127 Ort Komponist gelebt von/ bis Stück Dur / Moll Verz. Bem. 102

Rosemüller, Johann Sonate CDur Nr. 4 B 27

Rolla, Alessandro 1757- 1841 Konzert für Basset Horn FDur 60

Rohmann, Johann Helmich Sonate für Flöte DDur 104

Robischeck, Jean Hugo Quasi una Phantasia für Klavier BMoll Op. 20 B 15

Riciotti Concertino GDur Nr. 1 77

Rejcha, Antonin 1770- 1836 Quintett SDur Op. 88 Nr. 2 96

Reichardt, Johann Friedrich Konzert Hammer Klavier GMoll 104

Reicha, Antoine Trio für Horn EMoll Op. 83 80

Rameau, Jean Philippe 1683- 1764 Suite Poera Ballet L'Enfant gallant Nr. 1 128
Rameau, Jean Philippe Saint Piece de Passand 90 Konzert Nr.3 B 5

Rachmaninow, Sergey 1873- 1943 Klavierkonzert CMoll Nr. 2 94 Salieri, Antonio Konzert Violine Oboe DDur Nr. 3 32

Samartini, Jovanni Batista 1700- 1775 Sinfonie GDur 83

Samartini, Joseppe Konzert GMoll Nr. 8 88 Konzert für Viola CDur 63

Scarlatti, Alessandro 1660- 1725 Patita DMoll 80 Sonate Paul Patrik Verzeichnis FDur PP 162 80 Sonate CDur PP 132 90 Quartettino Blockflöte, Oboe FDur 129 Ort

Komponist gelebt von/ bis Stück Dur / Moll Verz. Bem. 90

Scarlatti, Dominico 1685- 1757 Concerto Grosso ADur Nr. 1 BS 65 Concerto Grosso DMoll Nr. 3 87 Concerto Grosso DDur Nr. 6 91 Concerto Grosso EMoll Nr. 8 90 Sonate BDur P.V. 529 B 5

Saint Saens, Camille 1835- 1921 Konzert für Harfe und Orchester GDur Op. 159 B12/ 92 Introduktion und Rondo pricioso violine Op. 28 B 12 Havanaise Kubanischer Tanz Op. 83 B 17 Karneval der Tiere 68 Introduktion und Rondo 57

Schaffrath, Christoff 1709- 1763 Konzert AMoll 18

Schubert, Franz 1797- 1828 Sinfonie DDur Nr.1 18 Tragische Sinfonie CMoll Nr. 4 61, 18 Sinfonie BDur Nr. 5 BS 485 Unvollendete Sinfonie HMoll Nr. 8 130

Schubert, Franz CDur Nr. 9 Klaviersonate ADur BS 959 58 Ouvertüre DDur Nr. 1 BS 590 70 Divertimento Po. 84 Nr. 2 BS 823 34,51, 61 Violinkonzert DDur BS 345 75, 88 CDLi Symphonie 5 D + 85 u. 8 D Unvollendete 759 B2, 17

Schumann, Robert 1810- 1856 Frühlingssymphonie 3. Satz Konzert für Traversflöte Kinderszenen Po. 15 B 21 Klavierkonzert AMoll Op. 54 Cellokonzert AMoll Op. 129 CDLi Klaviersonate FMoll Arabeske CDur Op. 18 Waldzenen Op. 82 B 17

Schwindel, Friedrich Konzert für Traversflöte DDur 131

Schwarzkopf, Theodor Ouvertüre für Trompete CDur 60

Stamitz, Carl 1745- 1801 Sinfonia DDur Nr. 19 B 10 Sinfonia concert ante für Violine, Viola, Orchester DDur B 27 Konzert für Klarinette Es Dur 105 Orchester Quartett FDur Op. 4, Nr. 4 38, 61 Orchester Quartett für Violine GDur 85, 64 Konzert für Flöte GDur Op. 29 100 Konzert Klarinette BDur 64 Flötenkonzert GDur Op. 29 92

Stamitz, Johann Anton Wenzel Konzert für Flöte CDur 103

Starzer, Josef Divertimento CDur 72

Stradella, Alessandro 1644- 1682 Sonate für Trompete DDur CDLi Sinfonie zu drei für Streicher und Cembalo DDur 132

Strauss, Richard 1864- 1949 Hornkonzert Csárdás aus Ritter Pasman SDur 104 Rosen aus dem Süden 55

Strauss, Johann (Vater) 1804- 1849 Rosen aus dem Süden Walzer, Rosenkavalier Ausschnitt 1. u. 2. Akt Walzer Spährenklänge Op. 235 B 14 Tapray Konzert Sinfonie Cembalo Klavier Op. 9 97

Tartini, Giuseppe Konzert Cello ADur 51, 85

Telemann, Georg Philip 1681- 1767 Trio aus 1. Teil Tafelmusik SDur 42 Ouvertüre 3. Teil Tafelmusik 44 Violinkonzert GDur 44 Sinfonie FDur Nr. 6 59, 100

Konzert für Trompete DDur 80 Konzert für Flöte EMoll Konzert Violine und Orchester DDur 133 Ort Komponist gelebt von/ bis Stück Dur / Moll Verz. Bem. 93 Telemann, Georg Philip Konzert BDur 58 Ouvertüre GDur 13, 3 Ouvertüre FDur 41 Ouvertüre DDur B 4 Trompetenkonzert DDur 63 Ouvertüre La Changement GMoll B 3 Tempo Justo aus Sonate GMoll 40 Flötenkonzert AMoll 33 Flötenkonzert EDur 36 Flötenkonzert DDur CDLi Konzert D-Dur 3 Corti und Streicher DDur Drei Darmstatt Ouvertüren CDur Suite AMoll Viola Concert GDur Quartett Tafelmusik 1 DDur Sonate 2 Flöten BMoll Op. 2, Nr.5 Ouvertüre Darmstadt DDur Trompetenkonzert DDur 134

Telemann, Georg Philip Suite La Changeante Tafelmusik 2 DDur Trompetenkonzert EMoll Hornkonzert für 3 Hörner DDur 44 Violinkonzert GDur Sinfonie FDur Nr. 6 59 Konzert für Trompete DDur 80 Konzert für Flöte EMoll 95 Konzert für Oboe FMoll CDLi Konzert Violine, Oboe, Horn FDur Konzert Blockflöte, Fagott, Streicher FDur Hronkonzert DMoll 97

Torelli, Giuseppe 1658- 1709 Sonate AMoll CDLi Sonate zu 5 Konzert für Trompete DDur Nr.1 57

Thoma, Mathias Partita ADur 135
Tschaikow sky, Peter 1840- 1893 Serenade Streichorchester CDur Op. 48 102

Tscherny, Karl Rondino sur en motive de Heyden für Klavier Op. 99 31

Verschragen, Gabriele Drei flämische Tänze 41,C D-H

Vieuxtemps, Henri 1820- 1881 Violinkonzert Gretry AMoll Op. 37, Nr.5 67 V

Vivaldi, Antonio 1678- 1741 Konzert für Violine aus den Vierjahreszeiten FMoll Op. 8, Nr. 4 24 4 Jahreszeiten Op. 8, 1-4 PV 241, 336, 257, 442 Konzert für 2 Violinen und Laute DDur 93 48 Konzert Die Nacht BDur Nr. 1 74 La notte GMoll Op.. 10, Nr. 2 84 ADur 84, 100 Trio für Flöte AMoll 12 Concerto Grosso HMoll Op. 3, Nr. 10 136 Ort Komponist gelebt von/ bis Stück Dur / Moll Verz. Bem. 15 Vivaldi, Antonio Concerto Grosso FDur 13 Concerto grosso viola da more DDur 12, 86 Concerto grosso viola da more DMoll 103 12 Concerto Grosso Horn und Streicher FDur 12 Concerto Grosso Flöte FDur 12 Concerto Grosso AMoll Op. 3, Nr. 8 43 Concerto Grosso CMoll 4 Concerto Grosso Trompete 3 Concerto Grosso Trompete Allegro Nr. 3 Pl L'estro Armenico Concert Violine Cello 46 Konzert Violine Gitarre GMoll BS 62 Konzert Blockflöte DDur Op. 10, Nr. 3 89 Konzert für Piccolo Flöte CDur BS 90 Konzert für Violine GMoll Op. 12, Nr. 3 101 Concerto in due Cori BS 104 Konzert 2 Blockflöten DMoll 105 Sonate für Flöte und Laute FDur 100 Flötenkonzert AMoll CDH Vierjahreszeiten 137 Ort Komponist gelebt von/ bis Stück Dur / Moll Verz. Bem. Vivaldi, Antonio Frühling EDur 269 Sommer GMoll 315 Herbst FDur 293 Winter FMoll 297 Flötenkonzert DDur Op. 10 ,Nr.3 "Il gardelino" Flötenkonzert CDur 443 Flötenkonzert FDur Op. 10, Nr. 5 CDur 444 Flötenkonzert CDur Flötenkonzert "La notte" GMoll Op. 10, Nr. 2 439 Violinkonzert Es Dur Op. 8, Nr. 5 La tempesta die mare CDLi Concerto per archi RV 159,153,121,129,154,115,143,141,1 20,156,158,123

CDLi Concert für Streicher und Cembalo Symphonie EMoll Op. 98, Nr. 4 Ungarische Tänze 1 und 2 138 Vivaldi, Antonio Mandolinen Konzert CDur RV425 Konzert für 2 Trompeten CDur RV 537 Konzert für Trompete und Violine BDur Concerto Grosso RV 562 a, 566, 569, 540, 561, 413, 553 CDLi Konzert FDur Op. 10, Nr. 1 RV 433 CDHo La temperata di mare Konzert GMoll Op. 10, Nr. 2 RV 439 La notte Konzert DDur Op. 10, Nr. 3 RV 428 Il gardelino Konzert FDur Op.10, Nr. 5 RV 434 Konzert GDur Op. 10, Nr. 6 RV 437 Konzert AMoll RV 440 CDH Fagott Konzerte FDur RV 485 Fagott Konzerte BDur RV 503 Fagott Konzerte EsDur RV 483 Fagott Konzerte AMoll RV 497 Fagott Konzerte CDur RV 473 139

Vivaldi, Antonio Fagott Konzerte G - Dur RV 492 Violinkonzert B - Moll RV 386 Violinkonzert D - Moll RV 235 Violinkonzert F - Dur RV 296 Violinkonzert E - Dur RV 258 Violinkonzert B - Moll RV 389 Violinkonzert E - Dur RV 251 CD - H Violinkonzert La caccia D - Dur Op. 8, Nr. 10 Violinkonzert D - Moll RV 565 Violinkonzert A - Dur RV 552 Violinkonzert "Il piacere" C - Dur Op. 8, Nr. 6 Violinkonzert " per Pinsendel" D - Moll Op. 8, Nr. 7 Streichkonzert C - Dur RV 113 Streichkonzert C - Moll RV 119 Streichkonzert D - Dur RV 121 Streichkonzert D - Moll RV 128 Streichkonzert E - Moll RV 133 Streichkonzert F - Dur RV 137 Streichkonzert F - Dur RV 141 140 Ort Komponist gelebt von/ bis Stück Dur / Moll Verz. Bem. Vivaldi, Antonio Streichkonzert GDur RV 150 Streichkonzert GMoll RV 154 Streichkonzert GMoll RV 157 Streichkonzert ADur RV 160 Streichkonzert BDur RV 166 Trompetenkonzert CDur RV 537 Mandolinen Konzert CDur RV 425 Oboen Konzert GMoll RV 460

Flötenkonzert ADur RV 585 Oboen Konzert CDur RV 447 Oboen Konzert B - Dur RV 479 Flötenkonzert RV 162 90

Viviani, Giovanni 1638- 1692 Buonaventura Sonata prima für Trompete und Orgel CDur Op. 4, Nr. 1 CDLi Sonate für Trompete EMoll 49

Viacini, Giovanni Battista Violinkonzert AMoll Nr. 22 141 Ort Komponist gelebt von/ bis Stück Dur / Moll Verz. Bem. 35

Vincence, Frantisek Serenade CMoll 51

Viotti, Giovanni Battista 1755- 1824 Konzert für Flöte ADur 74 Konzert für Violine und Orchester AMoll Nr. 22 weitere: Violinkonzert EMoll Nr. 16 HMoll Nr. 24 41

Vanhall, Johann Batist 1739- 1813 arbeitete mit v.Ditterdorf, Sinfonia FDur 103 Sinfonia GMoll B 15

Veracini 1650- 1733 Streichorchester 14, 43

Wagenseil, Georg Christoph 1715- 1777 Konzert für Harfe und Orchester GDur 32 Konzert für Violine und Cello ADur 44 Posaunenkonzert SDur 48 Sinfonie DDur CDLi Konzert flat EDur 142

Wassenahr, Graf von Unico Wilhelm Konzert Violine

Pergoresi GDur Nr. 2 68 Konzert aus Concerto armonici FMoll Nr. 4 96 Konzert SDur Nr. 6 30

Weiss, Silvius Leopold 1686- 1730 Suite für Laute FMoll Nr. 17 43

Zelenka, Jan Dismas 1649- 1745 Capriccio 1 DDur 68 Capriccio 2 DDur 43

Zimmermann, Anton 1741- 1781 Sinfonie (war Joseph Heyden zugeschrieben) CDur 143

Literatur

BUCHTIPPS ZUR KINDERERZIEHUNG

Der erfahrene Autor Remo H. Largo erklärt in der Neuauflage des Klassikers "Babyjahre" die Entwicklung und Erziehung von Kleinkindern in den ersten vier Lebensjahren.

Die Autorin Christina Wesierski bietet in Ihrem Buch "Kindererziehung erfolgreich gestalten" Anleitungen für Eltern in allen Altersphasen eines Kindes.

"Kinder brauchen mehr als Liebe" ist ein kompakter Ratgeber vom Autor Achim Schad, der anhand von Beispielen einfache Lösungswege aufzeigt.

Vergriffene Bücher sind zu bestellen über: antiquaria.de
Oder ZVAB Zentrales Verzeichnis vergriffener Bücher.
zvab.com

Appel, Walter A.
„Biorhythmus" die neue Lebenshilfe
Falke Vlg.

Bach,Edward „Die heilende Natur"1990 Bach Blüten
Therapie Heyne Vlg. 08-9550

Batmanghelidj, F. Dr. Wasser die gesunde Lösung
Ulmenbuch VAK Vlg. ISBN 3-924077-83-5 12 Auflage
2002
Der Autor ist Perser und heilt mit Wasserfrequenzen

Baumgartner, Alfred (1981): Alte Musik 1981, Fünf
Bände, Kiesel Verlag, Salzburg

Bindel, Ernst (1980): „Die geistigen Grundlagen der
Zahlen", Stuttgart.

Bühler, Walther (2001): Das Pentagramm und der
Goldene Schnitt als Schöpfungsprinzip, Verlag Freies
Geistesleben

Brandmayer, Elke / Dr. med. Bodo Köhler: „Licht
schenkt Leben". Fit fürs Leben Verlag. ISBN 3-895-26-
011-8.

Campbell, Joseph „Lebendiger Mythos" Gedanken über die inneren Horizonte 1987 Goldmann Nr.12023

Candi „Raiästhetische Studien, Briefe an Tschü" 1970 RGS Vlg. Postfach2225 9001 St.Gallen Schweiz Tel. Ch 071-222-6621

Caspar, Prof.: Keppler Biographie

Cayce, Edgar „Du weißt wer Du warst" Erkenntnisse über die eigene Wiedergeburt 1981 Goldmann Nr. 12085
Cheiro, „Das Buch der Zahlen" Mantische Numerologie Bauer Vlg. Freiburg 1991

Charpentier, Louis: Das Geheimnis der Kathedrale von Chartres, Knauer Taschenbuch

Dahlke, Rüdiger
„Mandalas der Welt" Heyne Vlg. ISDN 3-453-040252

Denison, Isa (2004): Der göttliche Code Entstehung der Runen vor 250 000 Jahren. Vorbild ist das Eiskristall. Runen der EDDA, Govinda Verlag Jestetten 2004

Diamond, John "Der Körper lügt nicht" Kinesiologie 2001
VAK Vlg. 17 Aufl. 2001Kirchzarten

Dethlefsen, Thorwald „Das Leben nach dem Leben" 1974 Nr. 11748 Gespräche mit Wiedergeborenen
„Das Erlebnis der Wiedergeburt" 1976 Nr.11749
Heilung durch Reinkarnation
„Schicksal als Chance" 1979 Nr. 11723

Das Urwissen zur Vollkommenheit des Menschen
Goldmann Taschenbücher Bertelsmann Vlg. München

Doyuk, Ayhan Zeiten Schrift Nr.43, 3 Quartal 2004 S.17
Kugel-Cluster-Wasser

Eichler Richard W. (1968): Viel Gunst für schlechte
Kunst, Lehmanns Verlag (Kunstförderung nach. 1945)
Eichler Richard W. (1978): Könner, Künstler,
Scharlatane - Was ist gute Kunst, und was ist gar eine
Kunst?, Verlag Amalthea, Wien

Eberhard, L „Heilkräfte der Farben"
Farben als Heilmittel, Anwendung in der Praxis
Drei Eichen Vlg.1954

Fasching, R Teepilz Kombucher
„Heilmittel der Sonne" ISBN 3-8138-0414-3

Fölsing A. (1983):Galileo Galilei Prozess ohne Ende,
Piper Verlag

Fischer, Michael (1998): „Da berühren sich Himmel und
Erde" Musik und Spiritualität, Benzinger Verlag Zürich,
Düsseldorf

Gorsleben, Rudolf John (1923): Hoch-Zeit der
Menschheit Entstehen-Sein-Vergehen, Ursprache-
schriftglaube, Koehler Verlag Leipzig, Reproduktion:
Burkhard Weeke Mittelstr.51 3285 Horn Bad Meinberg
Tel. 05234-3780

Gross, Max
„Biorhuthmik" Goldmann Ratgeber Vlg.

Grote, Hugo
„Formen, Strahlen, Energie"
„Strahlenkunde mit dem Benker-Kuben-System"
„Das Benker Kuben System"
Eigenverlag 59581 Warstein-Niederbergheim

Haich, Elisabeth „Der Tag mit Yoga."
Drei Eichen Verlag, Ergolding

Henning, Herbert, Wolfram Eid, Christian Hartfeldt
(2002): Mathematik in der Welt der Töne, Technical
Report Nr. 3/02, Fakultät für Mathematik, Universität
Magdeburg

Hesse, Hermann (1972): Das Glasperlenspiel, Suhrkamp
Taschenbuch

Hofstadter, Douglas (1986): Übereinstimmungen der
Ideen des Philosophen Gödel dem Maler Escher und dem
Komponisten J.S. Bach, Ein endloses geflochtenes Band.
844 Seiten, Klett Cotta Verlag.

Ilg, Hermann
„Die Bauten der Außerirdischen in Ägypten",
Bergkristall-Verlag H.P. Schaffer, 71229 Leonberg, Tel.
07152/25457

Jakob, Dr. med. G.
„Das medizinische Pendelbuch"
Turm Vlg. Bietigheim.

Klestermann, Dieter „3000 Externsteine"
Burghard-Weeke-Verlag, Horn

Lingefelder, Maria
„Milchsauer einkochen"

„Lonicerus" Kräuterbuch von 1679

Long, Max F. "Kahuna-Magie" 1990
Finden der eigenen Kraftquellen.
Esotera Taschenbuch Bauer Vlg. Freiburg

Lorenz, K. (1983): Das Wirkungsgefüge der Natur, Piper
Verlag, München Mayer, Hans,
Winklbauer, Günther (1985): Biostrahlen - Woher sie
kommen, was sie tun, wie sie wirken, Der Mensch im
Strahlungsfeld von Kosmos, Erde und Umwelt, Orac
Verlag, Wien

Missbach, Wochenbrief Vertrauliche Mitteilungen,
Bücken Mountbatten-Windsor, Charles (2010):
Harmonie, 320 Seiten. Eine neue Sicht unserer Welt,
Riemann Verlag, München 145

Marby, Friederich B.
„Der Weg zu den Müttern", Nürnberger Trichter,
Bedeutung der Kirchtürme Spiet Vlg. Berlin 1996

Masaru Emoto
„Die Botschaft des Wassers"
Bilder der gefrorenen Wasserkristalle mit verschiedenen
Infos
Koha Vlg. Burgrain 2002

Merz, Blanche
„Orte der Kraft" ISBN 2-8257-0111-4 CH
Institut de Recherches en Geobiologie CH1803
Chardonne

Messmer, A.
„Der Kosmofaktor" Helion Vlg. Zürich.

Mlaker, Rudolf Geistiges Pendeln, 1974 Vlg.Richard
Schikowski Berlin

Mulford,Prentice „Unfug des Lebens und des Sterbens"
Lebensweisheiten Fischer Vlg. 1977 Nr. 1890

Neumann, Erich
„Auf den Spuren der Feinkrafttechnik"
„Auf der Suche nach der feinstofflichen Welt"
„Mutter Erde"
Zu beziehen bei: Hugo Grote 59581 Niederbergheim

Neumann, Erich
„Inspirationen aus der Vorzeit"
Steinkreise, Formenenergie der Landschaft, Laylinien
EFODON e.V. 82383 Hohenpeißenberg

Paunegger, Johann   Thomas Poppe
„Vom richtigen Zeitpunkt"
Mondphasen, für Haus, Hof und Garten
Heyne Vlg. München

Stöhr, Manfred (2012): Der Mensch ist mehr als sein
Gehirn Hirnforschung und Geistesfreiheit Verlag: Via
Nova

Petersberg Walter, Meinhard (1999): „Ein Hauch der
Gottheit ist Musik" Gedanken großer Musiker, Benzinger
Verlag Zürich, Düsseldorf

Pinner, Reiß
„Über die bildende Kunst"
Wolfram Pinner J. Reiß, 86845 Großaitingen, Lindenweg
2, Pröll-Druck, Augsburg

Roesermüller „Hilfe aus dem Jenseits - Was das Gebet
vermag", 130 Seiten, DM 10,80.
Rohm-Verlag, 7120 Bietigheim,

Sannemann, Heinrich
Band 1 bis 8 der gelben Reihe
„Der Bien und seine wahre Aufgabe"
„Die Entwicklungsgeschichte des Planeten Erde und der
Erdenmenschen"
„Vater wir preisen Dich"
„Und Gott sprach: Laßt uns Menschen machen nach
unserem   „Die   Wiederbelebung   des   Bodens"
Bilde"
„Belehrungen für den Jetzt- Zeit-Menschen I und II"
„Der Stern von Bethlehem leuchtet wieder"

Band 1 bis 3 der blauen Reihe
„Wachet auf"
„Sehnsucht nach Liebe"
„Auf dem Weg zum Licht"
Siehe Ende „Heinrich Sannemann Band 1

Schmidt. Kurt Gunther
„Kosmotherapie" mittels Solarrechner 1993
Ostseestr.23b 23570 Lübeck-Travemünde

Schumann,W. Bestimmungsbuch 1990
„Steine und Mineralienführer"

Schurf, Helga
„Gesund mit basischer Kost" ISBN 3-8138-0314-7
„Wildwachsende Pflanzen in unserer Ernährung" ISBN3-
343-00-136-8

Spiesberger Esoterisches Wissen
„Magneten des Glücks"

Stöckmann-Tienes
„Schlafe vor Mitternacht, Die Naturzeit"
Hippokrates Vlg. Stuttgart 1984

Storl, Wolf-Dieter
„Ich bin ein Teil des Waldes" Der Schamane aus dem
Allgäu erzählt sein Leben. Kosmos Verlag.

Surya, G.W.
„Die Kraft der Gedanken des Wunsches und Gebetes"

Thiele, Wolfgang und Werner Knoll
„Der Himmel ist unter uns" Entdeckung des Weltwunders zwischen Rhein, Weser, Lippe, Ruhr und Main.
Henselowsky-Boschmann Vlg.

Uyldert, Mellie
„Bernstein ist kein Stein"

Vescoli, Michael
„Der keltische Baumkalender"
Kailagch Vlg.

Wetzel, Dr. Claus M.
„Edle Steine..." Herold Vlg. München Kirchbachweg 16

Willfort, Richard
„Gesundheit durch Heilkräuter" Rudolf Franser Vlg. 1959

Zimmermann, Werner
"Geheimsinn der Zahlen" Geburts- und Namenzahlen

Das große Buch der Sprossen und Keime, Heyne-Verlag

Gemeinnützige Gesellschaft für gesundes Leben
Ententeich 25 29225 Celle Tel.05141-330283
gesundesleben-ev.de

Collegium Humanum, Akademie für
Umweltlebensschutz
32602 Vlotho

Zeitschrift für Radiästhesie, Herold-Verlag Dr.Wetzel
81479 München Solln, Kirchbachweg 16

„Natur und Medizin"
Veronica Carstens Stiftung, Fördergemeinschaft für
Erfahrungsheilkunde 1983
Am Deimelsberg 56 45276 Essen Tel. 0201-5630570

raum und zeit, Zeitschrift
127/131, 2004 Chemtrails - Klimamanipulation
Gabriel Stetter, Aluminium-Oxide und Bariumsalze in
der Stratosphäre

.

Folgende Bücher sind zu bestellen bei:
Verfasser: Volker von Schintling-Horny
Hülsenbergweg 110   40885 Ratingen
E-Mail: schintling@schintlinghorny.de
Telefon: 02102-31110   Fax: 02102-34458

„Gespräch zwischen Vater und Sohn"
3.Auflage 2004 LSH Verlag   Hier habe ich mit einem Sohn das fiktive Gespräch auf folgende Themen gerichtet. Ein Blick in die Zukunft, Kunst, Frankfurter Schule, Insider, Israel, Gelddruckerei, Kommender Erlöser, Gruppendynamik, Mauerfall, Briefe an die Kinder.

260 Seiten   € 26,00

„Naturkundliches" 2. Auflage 2004/2009 LSH Verlag   Zusammenfassung der Kräuter und Rutengänger Seminare von Irmgart und Hugo Grote in Föckinghausen Sauerland 1995 bis 2012, Auszüge aus Schriften von Heinrich Sannemann über Ernährung, Bäume, Wasser, Licht.   196 Seiten   € 22,90

„
Gute Gedanken aufgelesen" 2. Auflage 2008/2010 LSH Verlag
Kunst, Politik, Familie, Benker Kuben, Weisheit. Auszüge aus Seminaren und Schriften sowie viele Tipps zu unseren täglichen Fragen.
396 Seiten   € 29,90

„Das Leben eines immerfort strebenden Lausbuben" 1.Auflage 2010 LSH Verlag
In Wort und Bild meine Lebenserinnerungen von der Kindheit angefangen, Schulzeit, Studium, Beruf und Selbständigkeit, sowie Familie und Hobbys. 376 Seiten € 29,90

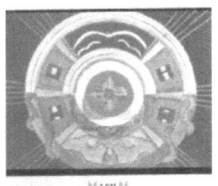

„Schau ins Weltenwissen oder in die Akasha Chronik" 1. Auflage 2010 LSH Verlag Alles ästhetisch Vertretbare ist aus dem großen Weltgedächtnis abrufbar mit Gefühl, Muskeltest, Rute, Pendel, Traum, Rumpelstilzchen Tanz. Benker Kuben, Schlafplatz.
83 Seiten € 15,50

„Lebensenergie" 1. Auflage 2010 LSH Verlag
Leben mit Energie, Energiekreise, Symbolenergien von Runen, Bäume als Energieanzeiger, Benker Kuben, Huna Energie der Polynesier.
206 Seiten € 22,90

„ Runen und andere Energiewandler „ 1. Auflage 2009 LSH Verlag
Futhark, Formenenergie, Bauernhäuser, Runengymnastik, Tonkrüge,

84 Seiten € 22,90

Die folgenden acht Bücher sind zu bestellen im Verlag Tredition, Hamburg unter : info@tredition.de

„Der Bien im Siebenstern" 14. Auflage 2002/2014 tredition Verlag Hamburg Aufstellen der Honig Bienenkästen im Siebenstern Kreis harmonisiert Mutter Erde und hilft ihr die täglich zugeführten Umweltschäden zu überleben. ISBN   978-3-8495-7665-3 Paperback 100 Seiten   € 15,00

Musik ist Leben „ 1. Auflage 2015 tredition Verlag Hamburg.   Überall wo der göttliche goldene Schnitt mitklingt ist Leben.   Das Waldhorn, Sphärenklänge an unseres Daseins Grenzen, Mathematische Strukturen, Harmonieweisheit, Notation. ISBN   978-37323-2963-2 Paperback, 978-37323-2964-9 Hardcover, .   978-37323-2965-6   E-Books 146 Seiten   € 12,95

„ Gymnasium der Reife, ohne Arzt, ohne Pillen – aber in Harmonie und mit Gott – das Alter beenden. „ 1. Auflage 2016 tredition Verlag Hamburg Jedermann ab 50 Jahren braucht dieses Gymnasium für seine richtige Ernährung, Bewegung des Körpers und Geistes, der ewige Seele, des Vergänglichen Körpers, Geburt und Tod. ISBN 978-37345-0144-9 Paperback, 978-37345-0145-6 Hardcover 180 Seiten   € 24.99

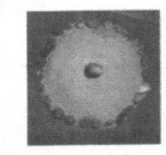

Steinkreise helfen Mutter Erde
die ihr ständig zugeführten
Umweltschaden zu überleben
2. Auflage 2017
Tredition Verlag Hamburg .....
Steinkreise sind Energiebündler,
Bovis Skala, Schaltstein, Boitiner
Steinkreise. Externsteine
Pyramidendreieck,
Energietransport. Leylinien.
108 Seiten
Zu bestellen bei
tredition.de Email: info@tredition.de
Verlag: tredition GmbH Halenreihe 42 22359 HH
ISBN 978-3-7439-7143-1 (Paperback) € 19,50
   978-3-7439-7144-8 (Hardcover) € 25,50
   978-3-74039-7145-5 (eBook) € 3,99

Heinrich Sannemann Band 1 Schriften der Gelben Reihe Heft 1 bis 4 Der Bien und seine wahre Aufgabe auf Erden, Die Entwicklung des Planeten Erde, Vater wir preisen Dich, Gott sprach: Laßt uns Menschen machen nach unserem Bilde.

Tredition Verlag Hamburg **Band 1**   740 Seiten

ISBN 978-3-7439-5222-5 (Paperback) € 29,31
      978-3-7439-5223-2 (Hardcover) € 24,95
      978-3-7439-5224-9 (E-Books)   € 2,99

„**Heinrich Sannemann**" **Band 2** Heiler, Weiser, Wissender, Imker, Naturforscher. Schriften der Gelben Reihe Heft 5 bis 7 Die Wiederbelebung unseres Erdbodens. Belehrungen für den Jetzt-Zeit-Menschen 1. Belehrungen für den Jetzt-Zeit-Menschen 2. Der Stern von Bethlehem leuchtet **Band 2** 674 Seiten

ISBN 978-3-7439-5769-5 (Paperback) € 24,99
978-3-7439-5770-1 (Hardcover) € 29,99
978-3-7439-5771-8 (E-Books) € 3,99

„**Heinrich Sannemann**" **Band 3** Heiler, Weiser, Wissender, Imker, Naturforscher. Schriften der Blauen Reihe Heft 1 bis 3 und Grünen Reihe Heft 1 Wachet auf, Sehnsucht nach Liebe, Auf dem Weg zum Licht und Unsere Arbeit 1.Auflage 2017 tredition Verlag Hamburg   **Band   3 3**   376 Seiten

ISBN 978-3-7439-6150-0 (Paperback) € 19,99
         978-3-7439-6151-7 (Hardcover) € 23,99
         978-3-7439-6152-4 (E-Books)   € 4,99

4. Band „Heinrich Sannemann" Heiler, Weiser,
Wissender, Imker, Naturforscher mit den „**Neuen
Nachrichten**" auch in Verlag Tradition GmbH Hamburg
Halenreihe 42, 22359 Hamburg   352 Seiten.
ISBN 978-3-7439- (Paperback)
.   978-3-7439- (Hardcover) 978-3-7439- (E-Books)

Hier geht es um unser Weltgeschehen in der letzten
Phase, **U-Boot und Flugscheiben-Antriebe**, Gesundheit
und das Lieblingsthema Wasser. Damit sind nun alle
Schriften von Heinrich Sannemann in den Bänden 1
Gelbe Reihe eins, 2 Gelbe Reihe zwei, 3 Blaue und
Grüne Reihe und 4 Neue Nachrichten, zusammengefaßt.

Volker von Schintling-Horny

All Kraft

Kräfte und Energien aus dem All auf der
Erde gebündelt und nutzbringend
eingesetzt. Fünf Steinkreise erzeugen ein
Land der Kraft für starke Nahrung.

„ALL-KRAFT" 1. Auflage 2018 Kräfte und Energien aus dem All auf der Erde gebündelt und nutzbringend eingesetzt. Fünf Steinkreise erzeugen ein Land der Kraft für starke Nahrung. Verlag „tredition" Hamburg, www.tredition.de oder E-Mail: info@tredition.de Dort im Shop oder unter www: schintlinghorny.de Seite: Literatur/Beiträge informative Leseprobe starten. Inhalt: Die Harmonisierung vom Gemüsegarten bis zu 80 ha großen Ackerflächen mit dem Erfolg weniger Dünger, weniger Spritzmittel, oder bessere Heilungschancen in Krankenhäusern, besserer Notendurchschnitt in Schulen sowie die Magnetschwebebahn aus der Megalith Zeit. Sehr lesenswert und zukunftsweisend   240 Seiten

.ISBN   978-3-7469-7023-3 (Paperback)   € 19,99
.   978-3-7469-7024-0 (Hardcover)   € 28,50
.   978-3-7469-7025-7 (E-Books)   € 4.99

FSC
www.fsc.org

MIX

Papier | Fördert
gute Waldnutzung

FSC® C083411

Zeitfracht Medien GmbH
Ferdinand-Jühlke-Straße 7
99095 Erfurt, Deutschland
produktsicherheit@kolibri360.de